"十四五"时期国家重点图书

中国社会科学院马克思主义研究院学者文库

国家出版基金项目
NATIONAL PUBLICATION FOUNDATION

走进现实
马克思主义基本原理大众化

5

辛向阳　主编

前路何方

当代资本主义的发展

陈人江　著

山东人民出版社·济南

国家一级出版社 全国百佳图书出版单位

图书在版编目（CIP）数据

前路何方：当代资本主义的发展 / 陈人江著. -- 济南：山东人民出版社，2023.12
（走进现实：马克思主义基本原理大众化 / 辛向阳主编）
ISBN 978-7-209-14013-3

Ⅰ. ①前… Ⅱ. ①陈… Ⅲ. ①马克思主义理论－研究 ②资本主义－研究－现代 Ⅳ. ①A81 ②D091.5

中国版本图书馆CIP数据核字（2022）第207428号

前路何方：当代资本主义的发展
QIANLU HEFANG　DANGDAI ZIBEN ZHUYI DE FAZHAN

陈人江　著

主管单位　山东出版传媒股份有限公司
出版发行　山东人民出版社
出 版 人　胡长青
社　　址　济南市市中区舜耕路517号
邮　　编　250003
电　　话　总编室（0531）82098914
　　　　　市场部（0531）82098027
网　　址　http://www.sd-book.com.cn
印　　装　山东新华印务有限公司
经　　销　新华书店

规　　格　16开（169mm×239mm）
印　　张　14.75
字　　数　150千字
版　　次　2023年12月第1版
印　　次　2023年12月第1次
ISBN 978-7-209-14013-3
定　　价　59.00元
　　　　　如有印装质量问题，请与出版社总编室联系调换。

总　序

党的十八大以来，习近平总书记数百次地强调坚持和发展马克思主义。2018年5月，在纪念马克思诞辰200周年大会上的讲话中，习近平总书记指出："马克思主义始终是我们党和国家的指导思想，是我们认识世界、把握规律、追求真理、改造世界的强大思想武器。"2021年7月，习近平总书记在庆祝中国共产党成立100周年大会上的讲话中强调，必须继续推进马克思主义中国化，坚持把马克思主义基本原理同中国具体实际相结合、同中华优秀传统文化相结合。2022年10月，习近平总书记在党的二十大报告中指出："只有把马克思主义基本原理同中国具体实际相结合、同中华优秀传统文化相结合，坚持运用辩证唯物主义和历史唯物主义，才能正确回答时代和实践提出的重大问题，才能始终保持马克思主义的蓬勃生机和旺盛活力。"我们要深入学习领会习近平总书记重要讲话精神，马克思主义不仅是我们党和国家的指导思想，也是我们认识世界、把握规律、追求真理、改造世界的强大思想武器。要充分发挥马克思主义的真理力量，就需要不断推进马克思主义中国化时代化，推进马克思主义理论大众化，从更深层次、更大范围内实现理论掌握群众和群众掌握理论，使人民群众学懂弄通并扎实践行习近平新时代中国特色社会主义思想，为实现中华民族伟大复兴提供行动指南。

马克思早在 1843 年《〈黑格尔法哲学批判〉导言》中就提出："理论一经掌握群众，也会变成物质力量。"列宁在 1905 年 8 月致阿·瓦·卢那察尔斯基的信中强调，为了通俗地叙述社会主义的任务，社会主义的实质和实现的条件，"写出一本有关这个题材的内容丰富又很通俗的读物是极端重要的"。他进一步于 1917 年 5 月《在彼得格勒党组织大会上关于俄国社会民主工党（布）第七次全国代表会议（四月代表会议）结果的报告》的提纲中提出："最马克思主义＝最通俗和朴实（转化）。"毛泽东同志在 1942 年 5 月的《在延安文艺座谈会上的讲话》中，提出了马克思主义"大众化"的要求，"就是我们的文艺工作者的思想感情和工农兵大众的思想感情打成一片。而要打成一片，就应当认真学习群众的语言。如果连群众的语言都有许多不懂，还讲什么文艺创造呢？"邓小平同志也曾于 1992 年春在武昌、深圳、珠海、上海等地的谈话中强调："马克思主义是很朴实的东西，很朴实的道理。""长篇的东西是少数搞专业的人读的，群众怎么读？要求都读大本子，那是形式主义的，办不到。"

2017年10月，习近平总书记在党的十九大报告中强调："必须推进马克思主义中国化时代化大众化，建设具有强大凝聚力和引领力的社会主义意识形态，使全体人民在理想信念、价值理念、道德观念上紧紧团结在一起。"从这些相关论述中可以看出，推进马克思主义中国化时代化大众化，要求我们学习、运用群众的语言，写出通俗、朴实的作品，以使马克思主义为人民群众所理解、掌握和运用。

马克思在研究纷繁复杂的资本问题时，恰是从人们最平常接触到的商品入手，"资本主义生产方式占统治地位的社会的财富，表现为'庞大的商品堆积'"。他从"商品"这个资本主义社会财富的"元素形式"出发，运用通俗易懂的示例和演算，逐步揭示了资本主义社会运行规律，指明了资本主义基本矛盾，使无产阶级越来越清醒地认识到自身的阶级状况和历史使命。因此，恩格斯在1886年11月5日为《资本论》写的英文版《序言》中，形容"《资本论》在大陆上常常被称为'工人阶级的圣经'"。列宁为了在人民群众中宣传普及马克思主义，十分重视报纸、传单等形式的运用。1913年7月波涛出版社成为俄国社会民主工党中央委员会的出版社后，遵照中央的指示，重点出版了列宁的《俄国的罢工》《马克思主义和取消主义》等宣传通俗读物。为了更通俗地宣传有关帝国主义的观点，列宁在1916年写作《帝国主义是资本主义的最高阶段（通俗的论述）》一书时，曾于7月2日致米·尼·波克罗夫斯基的信中提道："如果认为最好避免用帝国主义这个字眼，那就用：《现代资本主义的基本特点》。（《通俗的论述》这一副标题绝对必要，因为许多重要材料就是按照作品的这种性质来阐述的。）"这体现了列宁力图用通俗、朴实的语言向人民群众宣传的态度。毛泽东同志则对推进马克思主义大众化的形式进行了多方面的实践探索。他创办《湘江评论》等报刊宣传马克思主义，探索以农民运动讲习所和工人夜校等形式普及马克思主义。他旁征博引，古为今用，洋为中用，提出了"为人民服务""实事求是""星星之火，可以燎原""枪杆子里面出政权"等鲜活的语言来表述马克思主义。邓小平同志也善于运用并创造性地提出了"发展才是硬道理""两手抓、两手都要硬""科学技术是第一生产力"等朴实的话语来阐发马克思主义。

面对人民群众日益增长的精神文化需求，2014年10月习近平总书记在文艺工作座谈会上强调："要跟上时代发展、把握人民需求，以充沛的激情、生动的笔触、优美的旋律、感人的形象创作生产出人民喜闻乐见的优秀作品，让人民精神文化生活不断迈上新台阶。"实际上，不仅在文艺工作领域，在意识形态和理论宣传等领域也需要反映时代要求和人民心声、通俗易懂地宣传阐释马克思主义的优秀作品，以推进马克思主义中国化时代化大众化，促进人民群众对马克思主义的理解、掌握和运用。

为此，我们编写了《走进现实：马克思主义基本原理大众化》系列丛书。本套丛书是紧密联系现实的马克思主义基本原理大众化科学读本，说理透彻，时代性强。丛书分为六册，分别从马克思主义导引、科学实践观的整体原则、人类社会发展规律、正确认识资本主义、当代资本主义的发展、科学社会主义等六个方面展开解读，清晰阐释马克思主义的历史脉络及展望未来马克思主义的发展前景。

本套丛书主要有以下特点：

一是现实性。本套丛书坚持理论和实践、历史和现实相结合的原则，紧密结合当代世界发展的实际、当代中国发展的实际、马克思主义中国化发展的实际，探索马克思主义发展的科学规律及当代发展和未来趋势。丛书注重全面理解马克思主义理论体系的基本内涵、时代特征和历史发展，深入理解习近平新时代中国特色社会主义思想如何把马克思主义基本原理同中国具体实际相结合、同中华优秀传统文化相结合，不断发展马克思主义。

二是通俗性。面向大众，贴近生活，是人民群众读得懂、看得明白的马克思主义科学读本。虽然大众早已对"马克思主义中国化"耳熟能详，但真正能把马克思主义科学内涵和历史发展规律等厘清的大多是专业研究人员，对普通群众来说，马克思主义是"熟悉的，也是陌生的"。本套丛书立足马克思主义大众化，使马克思主义不再是象牙塔里研究的枯燥理论。它以通俗的语言生动地阐释了马克思主义的科学内涵、理论体系和精神实质，使广大群众能够较为轻松地学习理解并准确掌握马克思主义。

三是学术性。从历史、理论和现实结合的高度，以恢宏的理论视野、深刻的理论论证、清晰的发展脉络、翔实的文献资料，阐释了马克思主义的科学内涵、理论体系和精神实质的内在统一性，凸显了马克思主义基本原理和科学精神的历史发展及时代意义，具有说服力、穿透力。

四是客观性。本套丛书注重以客观公正的态度呈现马克思主义的真实面貌。比如第一册《走进圣殿：马克思主义导引》，从历史和当代双重视野如实展现了马克思主义的世界观、方法论及核心观点，感悟其科学性、学术性、实践性和真理性的魅力；第二册《立足整体：准确把握马克思主义理论体系》，从主体、客体与实践"三者一体"的整体性视阈客观呈现马克思主义理论体系；第三册《打开密钥：人类社会发展规律》，以马克思主义经典作家的相关论述为依据，阐释了唯物史观的基本内容及其对正确认识人类社会发展历程的指导作用；第四册《拨开迷雾：正确认识资本主义》，以马克思主义基本原理为指导，全景式呈现资本主义的确立过程、运行逻辑、制度本质及观念属性，为正确认识资本主义提供科学指引；第五册《前路何方：当代资本主义的发展》，用大量事实和数据揭示了当代金融资本主义的面目特征，引思当代资本主义的未来趋势；第六册《继往开来：科学社会主义》，在回首百余年科学社会主义的理论与实践，展望世界社会主义运动的光明前景中，客观阐释科学社会主义的基本内涵、理论体系和精神实质。

五是全面性。以生动翔实的文献资料展开论述，说理透彻，行文流畅，兼具学术性与通俗性，可供理论工作者和广大党员干部学习与研究马克思主义参考使用，对大众正确理解当代现实问题也具有引领作用。

因此，本套丛书作为一套兼具学术性和通俗性的大众化读物，力图找准将马克思主义基本原理转化为实践力量的切入点、结合点和着力点，用简明、朴实的话语，通俗、易懂的方式推动马克思主义大众化，既适合普通民众较为轻松地学习、理解和掌握马克思主义基本原理及其世界观和方法论，又可以满足高校师生等学界人士深入理解马克思主义的理论体系及其当代价值的需要。

希冀本套丛书的出版能够助益社会民众和学界人士对马克思主义基本原理的了解和把握，促进马克思主义在当代中国的传播和普及，从而不断推动"两个结合"走向深入！

辛向阳

2023年11月

目 录

第一章

金融资本主义
——当代资本主义的历史定位

　　什么是当代资本主义？普遍认为，当代资本主义指的是第二次世界大战结束之后，以西方发达国家为代表的资本主义。它既与马克思、恩格斯在19世纪深刻剖析过的资本主义有所区别，也不完全等同于列宁精辟论述过的20世纪早期的资本主义。

　　如何认识当代资本主义？如果从哥伦布发现新大陆之后，16世纪西欧商业资产阶级在大航海时代中开辟世界市场，从而开启了资本征服全世界的历程算起，资本主义至今已有500多年的历史了。资本主义的发展虽然呈现出不同阶段的差异，但也有其内在统一的逻辑脉络。当代资本主义只不过是资本主义发展历程中的一个历史片段或新近阶段，是资本主义在20世纪下半叶以来的演变。这就意味着，为了更准确地把握住当代资本主义的本质属性、总体面貌，乃至未来走向，需要将其放入整个资本主义史的发展脉络中来理解。

　　通过对历史的不断追溯和回顾，我们将看到，当代资本主义不是无根之木、无源之水，它既有自身的独特面貌，又是资本主义历史逻辑的一定结果。马克思主义的相关基本原理就是对这些历史逻辑和规律的提炼、归纳和总结。那么，让我们首先从资本主义的萌芽说起。

一、资本主义的萌芽：从资本说起

要了解资本主义的发展，我们要从了解资本开始。"资本"是个古老的概念，并且有多种定义。马克思认为，资本就是能够带来剩余价值的价值[①]，它表现为生产资料和货币。然而，生产资料和货币并非天生就是资本，只有当它们能"生出钱"，才能成为资本，并且只有在一定社会关系条件下才居支配地位。这种社会关系条件就是：一方面，生产资料（如原料、生产工具）和货币在少数人手中集中起来；另一方面，劳动者没有生产资料，不得不靠出卖自己的劳动力，受雇于这拥有生产资料和货币的少数人来生存。劳动者生产出来的产品被当作商品运到市场上销售，这样才能实现剩余价值。

奴隶也一贫如洗，没有任何生产资料，其劳动成果被奴隶主无偿剥夺和占有，但奴隶并不是在出卖自己的劳动力。因为奴隶没有人身自由，是被奴隶主当作一件会说话的"物件"来使用

---

① 《马克思恩格斯文集》第五卷，北京：人民出版社2009年版，第2页。

的。尽管奴隶主也要先用货币来购买土地和其他生产资料，才能让奴隶开始劳动，可是奴隶生产出来的物品基本用于奴隶主本人及其家庭的消费和享乐，而不是拿到市场上去卖，所以奴隶生产出来的不是商品，没有价值，更不会给奴隶主换回货币（即实现剩余价值）。因此，在奴隶制生产方式下，就不能把奴隶主的生产资料和货币看作资本。

当然也有特殊的例子。17世纪，欧洲殖民者在美洲大陆建立起的种植园奴役大量黑人奴隶来种植烟草、水稻、棉花等农产品，并将其出口到欧洲供王公贵族和新兴资产阶级消费。也就是说，种植园奴隶生产的是商品，奴隶主组织生产不是为了个人享乐，而是为了满足海外市场需求，追求剩余价值积累。在这种情况下，尽管采用的是奴隶制的生产方式，却又带有殖民地资本主义经济的特征，因而种植园主既是奴隶主、地主，又是农业资本家，可以把他们所掌握的生产资料和货币看作资本。

在取消了资本主义生产方式统治地位的后资本主义社会，比如现实的社会主义国家里，在一定范围内和一定程度上同样存在资本。原因在于，现实的社会主义国家较之资本主义发达国家，生产力还相对落后，还不能够根除私人商品生产和货币，还不能够完全隔绝资本主义世界市场而孤立发展，因此尚未具备消灭资本和防止资本再生的客观条件。苏联新经济政策时期的租让制和租借制企业中就存在私人资本，而中国特色社会主义市场经济体制下，既有国家资本、集体资本，又有大量的私人资本。

可见，资本不是从来就有的，它是一个历史范畴，与雇佣劳动、剩余价值联系在一起，主要反映了资本家对雇佣工人剥削的关系，是资本主义生产方式的本质范畴。马克思说，"资本不是一种物，而是一种以物为中介的人和人之间的社会关系"[1]。只有彻底消灭商品交换和雇佣劳动制，资本才不会存在。

但能不能由此反过来说，雇佣劳动制产生了，才代表着资本产生？当然不能。在实际的历史中，资本出现并发挥作用与雇佣劳动制出现一开始是相分离的、不同步的过程。这要从产业资本职能的分化说起。

从理论上讲，在资本主义生产中，资本家把资本从开始投入产业到最后增殖回收，需要经过下列过程：资本家首先要支出一定量的货币来租赁土地或厂房，购买劳动工具或生产设备、原材料，并雇佣工人，这是生产剩余价值的前提。这个预付的货币量就是资本，不过它在这里采取的是货币资本的形式；然后资本家开始组织生产，在生产过程中通过工人的劳动不仅保有了原来的资本额，还生产出了新的价值，包括维持工人自身生存发展的

---

[1] 《马克思恩格斯文集》第五卷，北京：人民出版社2009年版，第877—878页。

劳动力价值和被资本家无偿拿走的剩余价值，这时这个处于生产过程中的资本叫作生产资本；最后生产出了商品，初始资本额与新价值都凝结到了商品身上，这个阶段资本就以商品资本的形式存在。然后，只有卖出商品重新换回货币，资本家才能实现初始资本额的增殖。回收了的货币又可以投入新一轮的生产，或扩大再生产，如此循环往复。也就是说，在一个完整的生产周期中，资本依次表现为货币资本、生产资本和商品资本。

不过，在历史上，货币资本、生产资本和商品资本这三种形式或资本运动的三个环节相互独立了出来。有人专门做货币资本的经营，通过保管、提供货币（资金）来赚钱；有人专门做生产投资，通过生产商品来赚钱；有人专门做商品销售，通过开发、组织市场来赚钱。所以，资本的职能主要有三大块：组织生产，帮助流通、销售，提供货币或信用。按照资本的三大职能，我们把用于组织生产的资本叫作产业资本，用于实现商品流通的资本叫作商业资本。用于提供货币或信用的资本叫法就比较复杂，过去常常叫借贷资本或生息资本，又称银行资本、金融资本，依据提供货币或信用的资本主体的某些特点来冠以名称。

在产业资本，抑或资本主义生产方式还没有产生之前，商业资本和货币经营资本已经有了充分的发展。货币经营资本又是与资本的借贷紧密联系在一起的，信贷是货币经营业的一项重要业务。商业、货币经营业都是最古老的行业之一，很早以前就出现在前资本主义的各种社会形态中，包括奴隶社会、封建社会、中央集权的专制社会。公元前5世纪，小商品生产不仅在中国，而且在古希腊得到发展。古罗马帝国共和制后期，商业繁荣、货币经营资本及高利贷资本的发展达到了当时世界的一个顶峰。公元7世纪，东西方已有了长途贸易往来，而13、14世纪，国际集市贸易、银行金融业首先在威尼斯、热那亚等意大利的城市共和国兴盛起来。因此，马克思说，商业资本"比资本主义生产方式古老"，"是资本在历史上最古老的自由的存在方式"①。

在前资本主义阶段，商业是在落后的农业社会中进行产品的互通有无，所交换的商品主要是自给自足的小农经济的剩余产品。也就是说，农民在满足了自己及其家庭的需要，并在缴纳税赋之后，才会把多出来的东西拿到集市上去。当然，也有专门制作商品拿出来卖的，比如城市里的手工业者。然而，总的来说，商品交换、商业还只是社会经济生活中一个很小的部分。在这样的历史条件下，商业资本是无法在一国内实现大规模积累的，对外贸易成了财富积累的重要途径。

但是，在中国这样的东方中央集权社会中，专制君主对商

---

① 《马克思恩格斯文集》第七卷，北京：人民出版社2009年版，第362页。

人权力高度忌惮。这是因为，商业扩张会动摇小农经济中农业作为社会生产的根本。如果农民被鼓励去经商逐利了，就没人种粮了，国家粮食不能保障人民的需要和战争的需要，社会就会不稳定。而且商人阶层力量壮大，大量财富从国家手中流失到商人手中，不仅容易形成土地兼并，造成贫富分化，还会威胁君主对国家财政和财富的控制和垄断。荀子云："工商众则国贫。"这就是为什么中国古代一贯实行"重农抑商"的政策。

中世纪的西欧则是另一幅景象：那里政治分裂，封建割据林立，没有统一的民族国家，各个邦国之间战争不断，王权（君主）则遭到封建领主（贵族）的极大削弱。与此同时，商业和手工业在城市兴起，城市拥有独立于封建领主统辖的自治权，商人掌握着城市的政权。为了对付封建领主，王权与商人主导的城市结盟，君主发动的战争仰赖商人资助，商业成为国家税赋和君主享乐的重要来源，商人的海外贸易和殖民掠夺也由此得到王权的支持和参与。这就使得西欧的商业发展较少受到封建政治经济关系的束缚，商人权力和商业资本得以不断扩张。

小农经济时代国际贸易的主要形式是奢侈品贸易。所谓"奢侈品"，就是那些具有资源优势或生产成本差别很大，在别处却极为稀缺从而价格昂贵的商品。这些产品的拥有者通常是奴隶主、封建主或专制君主，外贸商人基本跟他们做生意，所出口的奢侈品也都供进口国的上层阶级享用。例如，当时西域的香料、珠宝对于中国来说是奢侈品，而中国的茶叶、丝绸、纸张和瓷器对于欧洲、日本、朝鲜和东南亚来说也是奢侈品。

除了小农经济自身的闭塞性外，近代交通工具产生之前，前资本主义社会的交通颇为不便，各个经济体之间相互孤立发展，人力、物力交往极其有限，对彼此的生产过程都不了解，也就不知道对方商品的实际交换价值和在国际市场上的价格。各国间的贸易路线既容易中断，也很容易被垄断。奢侈品贸易正是基于这些因素产生的。在东西方和各大洲之间进行贸易的商人利用了这些信息差，掌握了贸易垄断权，通过对出口地产品的贱买和对进口地产品的贵卖，从中攫取了大量的利润，这就相当于通过欺诈来发家致富。这样，货币资本就在商人手中积聚起来。

起初，商业与货币经营业并不是完全分开的。商业无非指经营商品和服务的买卖，货币经营业则是经营货币商品的商业（最后发展为金融业）；商业促进商品流通，货币经营业促进货币流通，它们都是商人在进行商品流通时所要完成的活动，又可以统一称为商人资本。

货币经营业是从商人的国际贸易中发展出来的。商人要进行各国铸币之间的兑换以及金银等贵金属的交换，在活跃的国际集市地如地中海沿岸的意大利城市中，随之出现了最早的专门帮助商人兑换货币的货币兑换商。此外，商人从事贸易需要携带和搬运大量货币，以便随时随地购买商品和支付货币，非常不方便。为了免除这个麻烦，货币兑换商又陆续发展起货币贮藏、保管、汇兑、转账、票据贴现以及由此而来必需的记账和出纳等业务，最早的职业银行家就这样诞生了。这些技术工作由专门的组织或机构来负责，则促成了私人银行的成立，银行的大部分利润也来自对这些纯技术业务提供的服务进行收费。

商品货币关系的发展，使地主和农民越来越被卷进市场经济活动中去，对欧洲封建制度的侵蚀和瓦解起到了不小的作用。一方面，农民向地主缴纳的劳役地租和实物地租普遍改为货币地租后，迫使农民不断出卖劳动产品以换回货币；另一方面，封建领主对商品（包括海外奢侈品）的需求越来越大，这些商品又主要来自手工业、商业乃至海外贸易的供给，以致封建领主对城市和工商业阶层的依赖也越来越强，从而进一步推动手工业、商业以及海外贸易的发展，由此产生了资本主义萌芽。

商人资本使货币在少数人手里集中起来，并产生了一定规模的市场。这固然是产业资本出现的前提条件，但我们不能反过来说，商人资本的发展必定会导致产业资本和资本主义萌芽。像阿拉伯人这样古老的商业民族，他们建立的中世纪伊斯兰商业帝国就没有带来工业和资本主义经济关系。中国宋朝时期的商业发达程度远胜于西欧，同样没有更早地产生资本主义萌芽。

资本主义萌芽是在自然经济社会末期出现的新型生产关系、社会关系，这不是个别人之间的关系，不是一种偶然、突发和孤立的现象，而应该是到了一定历史时期，具有一定量可反复观察到的现象。中国宋代文言纪实小说《太平广记》里有写到，唐朝时期，何明远的丝织厂和仙君册的茶园雇用了拥有自由身份的雇工。事实上，在明清之前中国都没有出现资本主义萌芽。即便有相似的史料记载，那也只是昙花一现的孤例，古代的手工工场也通常是由官府来掌握和管理的。在私人手工业已经具备了一定技术条件和发展水平的地方，商业繁荣才有可能引起这一结果。而14世纪之后的西欧，随着毛纺织业、冶铁业、采矿业中手工生产技术的进步，在这些行业中出现了两种普遍的资本主义生产关系萌芽形式。

一种是包买商通过控制家庭手工业变成资本家。包买商就是农村家庭手工业和市场之间的中间商，他向家庭手工业者订购成品，然后转向市场销售。在这一过程中，商人资本渗入农村家庭手工业的程度逐渐加深。先是垄断购买手工制成品，以控制产品价格来取得产品的方式切断小手工业者与成品市场的联系，然后通过用生产所需的各种原料来交换制成品的方式，切断小手工业者与原料市场的联系，最后把材料直接分配给手工业者，让他们进行生产来换取一定报酬。这样一来，小手工业者就变成了在家中为资本家工作的雇佣工人，形成了资本主义的家庭手工业。

另一种是城市手工业行会的行东直接变成资本家。起初是少数富裕的手工业者不顾行业规章，利用新技术雇佣更多帮工，扩大再生产，然后通过把持行会阻挠帮工成为行东，把帮工和学徒变成他们的雇佣工人。当生产经营和雇工人数突破一定规模，尤其是突破行会规定的最高限额时，行东就不再仅仅是商人和生产者之间的中间人，即"小业主"，而是成为只专注经营、不再参加劳动，并让工人专门为市场而生产的资本家。

此外，还有三种非典型的资本主义生产关系萌芽形式：在海外贸易航运业中，从商人的合伙制中产生出了只提供货物或货币，但不出航的职业贸易商或投资者；在采矿业中，从小生产者的合伙制中分化出来通过外部的商人入股，或内部的富裕者控制形成的雇佣劳动制；在建筑业中，由行会临时建筑包工队逐渐演变成由建筑承包商组织的资本主义性质包工队。

二、资本主义的发展轨迹：从小规模高利贷到大规模高利贷

只要资本主义生产方式还在萌芽状态，工业生产就不可能

成为剩余价值或财富的源泉。对外劫掠、海外殖民、战争、商业和高利贷，才是实现财富大规模积累的主要方式，从原始社会末期一直到资本主义经济产生以前皆如此。其中，高利贷跟商业一样，是前资本主义时代常规的敛财方式。

古希腊的农民在不得不向比较富裕的邻居借麦子时，以后都会多加一些还回去，这种实物借贷是高利贷资本的渊源。当实物借贷发展成货币借贷，借款人要给放贷人付利息，这就意味着放贷人单单凭借对货币的所有或占有，不用付出任何劳动就能获取收益。在此种情况下，放贷人手里的货币实际上转化为能够生产利息的资本，即生息资本，这也是资本最典型的形态。

自然经济时代，人们由于各种偶然事故、意外变化失去原本的生产条件或生活条件，例如天灾导致粮食歉收，农民家里死了一头牛，连年战争使生活陷入贫困，或者国王想要打仗，都需要有一笔钱急用。另外，到期要支付的欠款，农民和手工业者要交的地租、贡赋、税款，家道中落的地主和富人要维持的奢侈消费，也都需要货币来支付。然而，当时商品经济不发达，商品交换不普遍，流通中的货币量很少，致使货币总是缺乏，这时候高利贷者就上场了。高利贷者借钱给国王打仗、给小生产者暂时渡过难关、给豪门贵胄满足享乐，要求的却是几倍、十几倍甚至几十倍的回报！

无论是小农、市民、手工业者、贵族还是小商人，甚至君主、国家，都遭到高利贷者的盘剥，致使人人对高利贷深恶痛绝。在高利贷的压榨下，富裕地主债台高筑，被迫将土地抵押，把每年收入让给债主，直到还清本钱才赎回土地；小生产者被敲骨吸髓，倾家荡产，不是被剥夺土地就是被卖做奴隶。这样一来，高利贷一方面形成货币资本集中和土地集中；另一方面造成小生产者破产，使他们沦为出卖劳动力的雇佣工人，同样对自然经济起到一定的破坏作用，为产业资本的出现创造前提条件。因此，为了保护自然经济，前资本主义时代各个社会的统治阶级都试图反对和禁止高利贷。例如，古希腊、古罗马的相关立法，拜占庭的土地法，《古兰经》的伊斯兰教义，欧洲中世纪教会和国家对利息的禁令，以及中国北宋王安石的变法，都是要防止高利贷资本的危害，但是都徒劳无功。

不过在商人资本发展起来后，出现了新的情况。欧洲王公贵族们转向了通过商业和海外贸易来获取财富和货币，商业逐渐成为资本的活动场所和主要的利润来源。同时为了摆脱高利贷者的盘剥和对货币的垄断经营，12—14世纪，商人们开始设立自己的信用组合，把商业和信贷结合起来。一方面，商人们把自己手里多余的货币集中在一起，以便应对急需；另一方面，也吸收存款，发放贷款，贷款利率会比原先高利贷的利率低很多。因而它有力地支持了工商业活动，大型商业银行由此而来。私人商业银行的发展，使得原先的高利贷资本逐渐丧失了主导地位，最后只能转向盘剥社会中下阶层的老百姓。

显而易见，商业银行与旧式的高利贷垄断是不同的。旧式的高利贷垄断以自然经济各阶层的贫穷为基础，它使借贷者背上越来越沉重的利息负担，从而不断丧失正常的生产条件和消费条件。商业银行则是工商业阶层用来摆脱旧式高利贷压榨的替代物，它首先建立在工场手工业和商业发展的基础之上，属于现代信用制度非常重要的形式。现在人们普遍认为，信用制度是联通现代社会生产生活的大动脉，是经济发展和繁荣必不可少的助推器。但是，形成这种观点却经历了社会思想观念上的重大变革。

在古代社会，高利贷不仅指利息率高的贷款，而且指任何收取利息的贷款，它被视为污秽甚至有罪的行为。古希腊哲学家亚里士多德认为，货币只是一种交换工具，不具有生产力，让它来生利，实际上承认货币有生产力，这是违背自然法即天理的。基督教初创之时就谴责任何助长贪婪之心的追求金钱活动，包括商业和高利贷，尤其把高利贷看作违背教义的事物。因而，中世纪的道德观是禁止借贷取利，认同无偿放贷，歌颂公平的价格。

16世纪，德国神学家马丁·路德领导的欧洲宗教改革使宗教转向关注人，宗教逐渐放松对经济活动的约束。尽管马丁·路德一生坚定地反对高利贷，可是，随着14—16世纪工商业阶层的崛起，一批激进的基督教改革家认识到，要将政治、经济、文化从宗教桎梏下解放出来，于是他们开始肯定和鼓吹有息贷款。路德的追随者、著名宗教改革家加尔文认为，高利贷是完全正当的，只是需要遵守最高额度的规定，且不能向穷人放贷。16世纪的耶稣会会士莱修斯指出，贷款者要承担贷款不被偿还的巨大风险，同时在整个放贷期间还承受了其货币缺乏的痛苦，以及货币流动性缺失的痛苦，所以贷款者有权对这种经济损失收取利息或更高的费用。

17世纪，当西欧商业和金融中心逐渐转向荷兰。荷兰学者萨尔马修斯撰写了一系列为高利贷辩护的作品，他指出，高利贷具有与商业活动相同的本质，因而也同其他商业活动一样，有权索取一个市场价格。如果拿用货币买来的东西去赚钱是合法的，那么为什么用货币本身去赚钱就不合法呢？对其他商品收取最高市场价格的人既不是骗子也不是小偷，为什么放贷者收取他能获得的最高利息就是错误的呢？况且，放贷生意本身是有成本的，比如租赁店面、消化部分贷款损失、支付许可费和拍卖费、雇佣帮工等，货币放贷人的平均净利率也只够勉强维持他们的营生。[①]这些言论无疑反映和代表了新兴资产阶级的利益。

---

① ［美］默瑞·N.罗斯巴德:《亚当·斯密以前的经济思想》第一卷，张凤林、王军、王兆刚等译，北京:商务印书馆2012年版，第205—206、235—236页。

收取利息与资产阶级并不矛盾。在资产阶级看来，进行任何经济活动，无论是经商、放贷、还是投入各种行业生产，最终目的都是榨取利润，积累财富。德国社会学家马克斯·韦伯赞叹"勤勉节制"的资本主义精神，然而，勤勉节制是为了积累财富，投机食利也是为了积累财富。货币又是私有制社会财富的一般象征，因而追求财富归根结底是为了让手中的货币实现快速、翻倍地增长。

赚钱是目的，任何营生都不过是赚钱的中介。"以钱生钱"——这是最纯粹的资本形式，即人们头脑中真正的资本应该有的样子。[①] 从好逸恶劳的人性角度讲，不事生产直接来钱，才是资产阶级孜孜不倦的内在追求，不劳而获同样镌刻在他们的基因里。只要一有条件，资产阶级就打算坐享其成，实行各种委托代理，让别人去替自己赚钱。所以毫不奇怪，资本主义从一开始就伴随着投机性，放高利贷本身就是一种投机行为。

借贷资本作为一种生息资本，通过出让货币直接带来收益，仿佛具有了一种自动生钱的魔力。它不仅不违背资本主义的经济法则，相反更充分体现资本主义逐利至上的精神。因此，从中世纪后期到现代资本主义产生后，借贷资本事业即信用事业是逐

---

① 《马克思恩格斯文集》第七卷，北京：人民出版社2009年版，第688页。

渐被公开许可，直到被法律保护起来的。这样，它就和古代社会中被看作不合法的收取利息的高利贷区分开来，并发展成为金融资本。

综上所述，资本从诞生之日起其本质和宗旨就没变，变的只是它借以存在和在其中发挥作用的社会生产方式。在前资本主义时代，商业资本和高利贷资本是在自然经济的夹缝中生存的，受到政治统治力量和小农生产方式的压制和限制，所能发挥的空间有限。而在资本主义社会，自给自足的小农经济已经被社会化大生产所取代，分工愈发精细，每个人需要的满足高度依赖于其他人，这使交换普遍化，形成了最充分的商品经济，并造成了人们对金钱的普遍依赖、追求和崇拜。与此同时，绝大多数人口变成雇佣劳动者，为了生存不得不出卖自己的劳动力，从而成为他人（资本家）财富（剩余价值）创造和积累的工具。社会生产方式变成资本主义的大工业生产，在技术发展带来的生产工具加速优化下，劳动生产力大大提高，劳动产出呈几何级数增长。这就提供了财富积累的最广大空间。

如果说前资本主义的积累主要是为了物质享受，资本主义的积累则纯粹是为了积累本身，每一分一毫的钱都恨不得物尽其用。资本效用要发挥到最大限度，贪婪也放大了成千上万倍，物质享受总有生理上的极限，精神上的贪婪则永无止境。在社会化大生产这一生产方式下，信用和高利贷都找到了蓬勃生长的肥沃土壤，银行等金融机构在其中扮演着核心且关键的作用。

银行吸收各类存款，将社会各阶层种种闲散的货币收入汇集起来，集中、统一地管理、分配（提供给他人支配）和使用。虽然在前资本主义社会，银行替客户保管存款和办理其他业务，非但不用向客户付息，相反客户还要因为银行的服务向其支付报酬，但是1830年左右，为了解决"货币荒"引起的短期信贷供求问题，货币市场在英格兰首次出现，显然改变了这种局面。一方面，银行要付给存款人以存款利息；另一方面，银行要千方百计将"死"的存款盘活起来贷出去，让它们生利，从存贷利差中赚取利润。

随着金融机构内部竞争的加剧，银行形成了高度的集中和垄断。在各个资本主义国家，都有少数几家具有垄断地位的银行，它们在创造和发放信用方面是有专属权的，还借此取得了垄断利润，美其名曰各种各样的"管理费"。例如，在替企业发行、承销有价证券，办理公债，以及管理企业或个人资产上，银行都要收取高额的佣金。这种垄断利润对国家、企业或居民来说则相当于高利贷。

资本主义的生产和消费本身也存在着越来越强烈的借贷的内在需求。

首先，资本主义的生产只有在投入的货币资本能够实现增殖，也就是"赚到钱"的情况下，才能存续下去。但是，现实中却总有很多因素使投资亏本，甚至导致企业破产，生产过程中断。例如，某些生产要素（原料或劳动力）稀缺，造成市场价格骤然上涨；过度竞争或生产过剩的危机使商品价格下跌，甚至销售不出去；技术革命使前期购置的机器设备迅速贬值；产品交付后由于销售商的原因资金一时无法回笼，影响到后续的再生产，等等。生产总是处于波动当中，充满了不确定性。为了保证生产过程正常、顺利进行，产业资本家需要另外储备和持有大量的货币资本，以应对和排除种种突如其来的干扰。如果缺乏这样一笔充足的自有储备金，那么资本家只能去举债。

与此同时，资本主义的生产竞争日益激烈，生产规模越来越大，已经难以做到靠单个资本家的资金来启动一项投资，在这种情况下，要么向银行贷款，要么在社会上募集资金，如联合多方投资，让银行替企业发行债券、股票。但这只是不同的信用方式，在资本主义条件下，资本家并不是完全使用自己的钱而是使用他人的钱，甚至使用全社会的钱来经营和投机获利。这种行为既是不可避免的，也是越来越普遍的。后果是企业经营者（或产业资本家）日益依赖和屈从于以银行为代表的货币资本家，中小企业主日益依赖和屈从于大资本家。

　　其次，资本主义生产的根本目的是榨取尽可能多的剩余价值，为此资本家一方面要不断扩大生产，追加投资；另一方面则要千方百计扩大对劳动者创造的剩余价值的占有，缩小劳动者享有自身劳动成果的份额。结果必然造成劳动者工资下降，甚至陷入生活贫困，还会造成技术革新、竞争以及经济危机带来的经常性失业。种种结果都会导致劳动者消费能力降低。生产出来的商品越来越多，能够买得起这些商品的人则相对越来越少，这就是资本主义的一个基本矛盾：生产无限扩大的趋势与劳动人民购买力相对缩小的矛盾。

　　但是，如果劳动人口消费能力低，商品的价值就不能全部实现，从而资本家就无法赚钱，因为占人口绝大多数的劳动者（即工薪阶层）恰恰构成了消费市场的主体。资产阶级"解决"矛盾的"绝妙"办法是没钱不要紧，借钱给劳动者买，然后用他们未来的收入来还。

　　为了刺激消费，广告、推销无孔不入，同时鼓励借债，提前消费，超支消费。为此银行发明了种种信用手段，在前资本主义社会里还是偶然的赊账购买或局限于少数阶级的典押信贷，现在变成普通百姓的日常经济行为，借债消费经济就这样发展起来。

　　借债消费不仅加快了资本积累的速度，还进一步催发了资本的贪婪。因为这一切不是没有代价的，逾期未还的欠款要付利息，如果未来收入并不稳定，那多数情况下并不能保证及时还钱，只能去借新债还旧债。消费的越多，欠的越多，资本所有者和银行从中获得的也越多。普通民众相当于遭受两重剥削：一重是他们作为劳动者被产业资本家压榨剩余价值，另一重是他们作为消费者被商业资本家和金融资本家掠夺收入（劳动力价值），这就像列宁说的，"从一头牛身上剥下两张皮来"[①]。

在资本积累的逻辑主导下，人们在衣食住行、娱教医养等生存和发展的各个领域不断被商品化、市场化，生活成本不断高涨。过去能无偿满足人们需求的东西现在需要购买，过去容易获得的东西现在日益买不起。处处需要货币，同时也意味着处处债务化，人们背上越来越多的债务。

资本主义越发展，债务关系越普遍。不光是企业家为生产经营去借债，劳动者为了维持生存去借债，在膨胀的财富积累欲的驱动下，大大小小的货币所有者都想去放贷，甚至想借债去放贷。

从传统的有权吸收存款的商业银行或储蓄银行那里，分化出专门帮储户、私人投资者或大公司做高回报投资的投资银行、基金公司、信托公司、保险公司等金融机构。它们打着"资产管理"的旗号，在"以钱生钱"的货币资本增殖游戏中起到推波助

---

① 《列宁全集》第二十七卷，北京：人民出版社2017年版，第428页。

澜和组织的作用。这类金融机构从特定的个人、群体或企业那里，以高于商业银行存款利率的方式广泛吸收社会资本，再以更高的利率贷出去给需要获得资本的借款者，或者自己进入资本市场进行投资和投机，以期获得超出承诺给予私人投资者的利润。

而为了偿付高利息，获取高利润，资本借贷者也会将借来的钱再以更高的利率贷出去；或借新债还旧债，反复贷款融资，以起初一份资产作担保，撬起多倍杠杆。所谓"杠杆"，就是借贷人以本金去借几倍的钱。杠杆率越高，说明借的钱相对于本金的倍数越多。债务关系就这样层层叠加起来，从最初的高利息那里产生出更高的利息，这就是利滚利的"复利"。但是高回报意味着高风险，回报越高风险也越大。由现代金融机构组织的债务链条日益变长，一旦其中一环断裂，就会影响和波及整根链条，造成严重的金融危机。

如果说产业资本诞生之初，到处要求强制压低利息率，以使金融、信用为生产活动服务，那么资本主义发展到最后，都会围绕着货币资本增殖形成新的高利贷经济形态。这就是为什么列宁说，"资本主义的发展是从小规模的高利贷资本开始，而以大规模的高利贷资本结束"[1]。促使这一过程发生演变的决定性因素正是金融资本。

---

[1] 《列宁全集》第二十七卷，北京：人民出版社2017年版，第369页。

三、金融资本：作为社会权力及其积累的两面性

前资本主义社会衡量财富的标准是物质财富，资本主义社会衡量财富的标准则是抽象的价值。价值看不见摸不着，由什么来作为一般代表？那就是货币。在商品经济社会中，占有了货币，就占有了普遍的交换手段，能换取到其他一切商品和价值，包括他人的劳动，从而也拥有了占有和支配他人劳动的权力。好比花钱雇人替自己办事，本身也是资本的外在表现形式。从表面上看，货币似乎只是交换商品的媒介，实质上货币是一种社会权力。俗语"有钱能使鬼推磨"，说的就是这个意思。

我们所讲的金融资本，不是指通常意义上的借贷资本、生息资本、银行资本或者其他各种形式的虚拟资本。与此说它们是金融资本，不如说它们是金融资本的化身，就像佛有三身化为众多应身一样。银行（等金融机构）将各种分散闲置的货币收入聚敛到手中，就掌握了相当庞大的货币量，然后给这些货币资本寻找有利可图的投资场所。其重要意义并不在于银行充当了货币贷出者和借入者之间的中介，而在于银行能够将"死"的资金量盘活，转化为发挥生钱作用的资本。银行由此成了货币资本家的代表和社会资本的能动的管理者。

当银行的货币经营业务（包括信贷）扩展到很大的范围，它

就从一种纯粹是技术性的、辅助性的工作演变为一种无形的资源配置权力。通过银行间的联系、往来账目以及对信贷的控制——比如扩大或减少、便利或阻难对资本家的信用发放，就能监督、影响甚至最后决定各个工商业资本家的经营业务，包括他们的命运。银行了解工商业资本家的业务状况，能改变他们的收入，能给他们输入资本，也能夺去他们的资本，或者能在短时间内增加他们的资本，甚至设置不同投资方向的信用发放门槛来引导资本的流向，由此掌握和控制了投资的节奏。

银行既对工商业资本家提供用于完成他们之间商品交易的支付职能的商业信用，如本票、支票、汇票等的贴现，又对他们提供用于货币资本借贷的资本信用，同时向广大居民提供抵押信贷或消费贷款，从而对生产、流通、分配和消费都产生了重要的影响。银行的这种对货币资本的利用和操纵是远远超过古代社会的私人高利贷者的。

除了提供信用，银行还可以运用手中占有的巨额货币资本去购买股票和债券，进行投资和投机。货币资本具有充分的流动性（即灵活性），它不像工商业资本那样被束缚在机器设备、建筑物、原材料、劳动力商品等"死"的形式上，无法自由地回收和立即兑现收益。相反，通过股份制、证券交易所等机制，投入工商业的货币资本转化为股票或债券等有价证券，随时可以在金融市场上抛售变现，使货币重新回流于其所有者或占有者。

由于掌握了资本主义社会财富的直接形式——货币，金融资本家能够介入社会经济的各个领域，比如垄断金融业务，购买工厂、企业，参与基础设施投资，吞并商业，投机国债，占有地产和自然资源，控制消费品分配等。马克思说，金融资本家"总是以货币的形式或对货币的直接索取权的形式占有资本和收入"①。因而，我们把利用对货币财富的垄断性占有权，控制其他一切形式的资本，瓜分其他一切形式的利润和收入，继而对社会经济和生活起到支配作用的大货币资本，叫作金融资本。

基于货币资本内在的特权，金融资本家的社会权力得以膨胀。他们替垄断者向整个社会收取贡赋，当然他们自身也是垄断者，继而达到控制城市和国家政权的地步。在12—14世纪商业资本开始崛起的时期，威尼斯、热那亚、佛罗伦萨等意大利城市共和国产生了规模较大的商业银行，以及如佩鲁齐、阿奇艾乌奥利、美第奇等拥有这些银行的金融家族。他们掌握着内容广泛的经营权，除了常见的金融业务，他们还拥有替元老院征收税赋、对各地金属货币进行估值、帮助国家进行军事冒险和战争的筹款、管理包括港口税在内的所有税收的权力——这些权力在东方的中央集权社会中通常属

---

① 《马克思恩格斯文集》第七卷，北京：人民出版社2009年版，第541—542页。

于政府权力。同时君主或王侯向这些金融家族借款，使后者不光为工商业融资，也为君主和国家的利益融资。

为了换得贷款，君主或王侯要将银行业作为公共事业，并将银行对上述业务的垄断权作为特权来授予或包给私人，最后当然只能是包给财大气粗的金融家。同时君主的贷款以其未来收入即国民税赋作为抵押，相当于将国家信用紧紧绑在私人金融家或寡头银行的战车上，让后者成为全体国民的债权人。1694年创立的英格兰银行就属于这类银行，它是一家专门为君主的政治事业筹款而建的私人公司。

由于这类银行业务的广泛性和垄断地位，它们发行的票据流通范围较广，认可度和接受度很高，在日常的流通中逐渐充当了金、银等贵金属货币的代表，成为国民通用的纸币。例如，英格兰银行发行的银行券最后就变成了国家货币——英镑。英格兰银行由此成为掌握国家货币发行权的中央银行。美国联邦储备银行（简称"美联储"）也是这类以国家债务作为抵押来发行货币的中央银行。

垄断性银行与国家的紧密结合还表现在，由于其业务的广泛性以及信贷发放上的垄断地位，银行利率的高低变化往往还决定着国家的基准利率、通货膨胀率，对国家的经济调控具有重大的影响。

如前所述，金融资本的积累（即自我增殖）是与货币经营业、信用制度，以及作为企业组织形式的股份制紧密联系在一起的。

利息是货币（金融）资本家对他人财富的一种分割和占有形式。而为了进一步参与资本主义条件下剩余价值的瓜分，信用制度发展出来各种所有权或债权证书如股票、票据、有息证券、国债券，使利润证券化了。货币资本的所有者或占有者（即货币资本家）不需要参与任何生产经营过程，只要购买这些有价证券，就有权以获得股息、红利或利息的形式分得企业利润的一个相应的部分。证券发行者用这些有价证券来换取、吸收所需的社会资本，同时也使购买证券的货币资本所有者或占有者以食利的、寄生的方式存在。

有价证券实质上是对利润或财产索取的凭证，一方面，货币资本家占有的这些所有权证书越多，意味着能索取的财富份额越大；另一方面，占有了相对多数的所有权证书，还代表着对整个企业或社会的财富拥有了支配和控制权。例如，股份制企业里的大股东能主导或决定企业的经营管理，资本市场上的大庄家对股票、债券价格的涨跌具有决定性影响。所有权证书的集中代表着所有权的集中，如此一来，所有权证书的集中就造成了垄断。

　　垄断包含着以下真实的历史过程：不仅是在产业部门内部实现了所有权的集中和垄断，也在银行部门内部实现了所有权的集中和垄断，然后在产业部门的垄断和银行部门的垄断基础上进行了二者的融合性垄断。只有大的货币资本家才有可能完成这种垄断，因为他要通过大银行去控制大企业，或者通过大企业去掌握大银行，必须要付出巨额的货币量。由此可以看出，金融资本自身就具有垄断的属性。

　　有价证券因为是索取财富的凭证，所以它被人们看作"资产"，其实它只是一张印刷出来的纸，本身没有多少价值。它在证券市场上流通和交易，其价格是由人们预期得到的未来收益和利率来决定的（持有证券所预期的收益高，价格就高；银行利率低，价格就高），证券具有虚拟的性质，又叫虚拟资本。虚拟资本具有很大的波动性和风险性，从而存在巨大的投机空间。大多数证券持有者并不真正关心企业实际的生产经营状况，他们只关心如何低价买进和高价卖出证券，从对交易差价的投机中赚取收益。差价越大，利润也就越高。

　　任何商品或财产被证券化或进入投机市场后，其资产所有者（包括证券所有者和实物资产所有者）都希望抬高价格，一方面为了尽可能地高价卖出，获得丰厚的投机收益；另一方面上涨的价格又会吸引更多的货币资本进入市场，从而推动资产价格更快上涨。资产价格上涨无疑是有利于资产所有者的，尤其是那些具有大的货币吸聚效应的固定资产（如土地、商铺、住宅、矿山等自然资源）的所有者。资产价格上涨，资产所有者坐收的垄断租金也随之上涨。但是这样一来，无疑会增加中小企业和居民的经营和生活成本，并相应加重他们的负债。

当资产价格达到一个顶点，大投资家就以高价大量抛售，导致资产价格应声下跌，跟风的中小投资者则会由于来不及撤离而损失惨重，直到大投资家再次入场低价接盘而开启下一轮的价格涨跌。在这一过程中，原资产所有者会由于资产价格暴跌而被迫将资产廉价出卖，大投资家则乘机以低成本购进，使大量资产转到自己手中。由此可见，当资产的垄断占有者即金融巨头操纵投机游戏时，他们对中小投资者和普通群众都形成了财富的剥夺，使财富出现了两极分化效应。

综上所述，金融资本的积累是有两面性的。一方面，由于它具有大规模的货币积聚、动员效应，能高效地组织和分配社会资金，规划投资和社会生产，可以大大提高工商业的经济效率，促进产业发展，这是它生产性的一面。但是，另一方面，即便它投资于生产，也是以持有有价证券的食利方式而存在的，因而蕴含了投机的可能。只要工商业的利润率下降，即实体经济不再有钱可赚、有利可图，大量找不到投资出路的"过剩"货币资本就会脱离生产过程，在资本市场玩起纯粹的投机赌博游戏，变成虚拟资本的自我循环，这是金融资本非生产性的一面。

四、金融资本主义：资本主义进入最高阶段

在大致描述资本主义的发展轨迹之后，为了更深刻地把握资本主义的历史进程，我们需要将资本主义的发展阶段化，从而进一步具体化。

14—15世纪在地中海沿岸城市出现的资本主义经济关系萌芽，只是在西欧封建制度内部孕育并渐渐发育的胚胎，而商人资本在有限的奢侈品国际贸易中积累货币的过程也始终是非常缓慢的。但是，1492年哥伦布的航海大探险首次发现美洲大陆之后，以西欧为中心直接联结各大洲的新航路得以开辟，同时开创了西欧的对外殖民扩张事业。西欧商人阶层借此把奢侈品贸易、贩卖黑奴的殖民贸易做到了世界各地，打破了西欧先前只局限于大西洋沿岸、地中海和近东的区域市场，从穆斯林帝国手中夺取了东西方贸易的垄断权，形成了由商业国家（葡萄牙、西班牙、荷兰、英国等）相继主宰的世界性市场。商业尤其是对外贸易在西欧社会经济生活中占据了特殊地位，商人成为经济活动中最关键的人物，商人阶层取代了封建领主，成为最有权势的社会阶层。西欧各国都实行鼓励商业、航海业和工

场手工业的重商主义政策，使西欧成为当时世界商贸最活跃的地区，商业资本主义诞生了。

商业资本主义从15世纪末（或16世纪初）持续至18世纪早期，它是资本主义发展的童年。在这一历史时期，一方面，欧洲殖民者从新大陆劫掠了大量的（金银等）贵金属，屠杀和贩卖土著人口，强制以低廉的手工业品换取殖民地的昂贵特产品，因而货币财富很快在少数人手中积聚起来；另一方面，殖民者所掠夺的贵金属大量涌入欧洲，造成金银大幅贬值，物价飞涨，引起了所谓的"价格革命"，这使新兴工商业阶层获取了暴利，使封建贵族势力不断衰落，促进了小生产者的破产和分化。同时为了满足不断扩大的世界市场需求，商人化或资产阶级化的贵族领主要将耕地改为牧场，于是他们强行剥夺和霸占小土地所有者和租地农民的土地，迫使大批失去生产、生活资料的小农进入手工业工场，成为雇佣劳动者。英国的"圈地运动"就是这段历史的一个典型。因此，商业资本主义时期资本原始积累加速，为在世界范围内建立资本主义生产方式提供了必要的前提。

资本主义发展的第二个历史时期可以称为产业资本主义时期，它以18世纪中叶英国技术革命的兴起为标志。技术革命同时引起了产业上的革命，生产上的技术革新使工场手工业向大机器工业过渡，从而使资本主义的大规模工厂化生产组织形式取代了以家庭和个体为单位的小农生产和手工工场，资本主义生产方式成为占社会统治地位的生产方式。这就意味着，一国财富积累的主要来源由自然经济时代的商业或农业生产变成了资本主义时代的工业生产，变成了雇佣工人创造的价值和剩余价值，产业资本由此成为社会经济生活中最重要的资本形态。

产业资本主义是资本主义发展的青年时代，代表着资本主义生产方式以及经济制度的正式确立，标志着人类真正进入了资本主义社会。自18世纪60年代发端于英国起，以蒸汽机动力为代表的技术—产业革命在19世纪扩散到欧美各国，大机器工业在这些国家普遍建立，相应地也陆续建起了资本主义生产方式占主导地位的经济制度。产业资产阶级在这一阶段还属于朝气蓬勃、向上发展的阶级，他们要求结束封建割据，建立统一的民族国家和统一的国内市场。他们提出了"自由平等"的口号，反对与君主专制制度结合在一起的大资本的垄断，要求在政治上实行资产阶级民主制，在经济上实行"自由竞争"。他们积极建造自己的民族工业，野心勃勃地向外输出商品，到处夺取、占领工业制成品市场，为此展开了激烈的世界市场竞争。甚至打着"自由贸易"的旗帜，用大炮不断轰开东方那些古老国家的国门，用商品倾销去击垮后者的小手工业，进而摧毁其落后的自然经济结构。1840年英国对中国发动第一次鸦片战争之后，西方列强在中国开辟商品市场的过程大体如此。

从19世纪末最后25年开始，伴随着第二次技术革命的到来，在激烈的市场竞争中，大资本吞吃中小资本，企业间的兼并并购加快，股份公司逐渐取代传统的单个资本家所有的私人企业，成为主导的企业经营组织形式。企业规模迅速扩大，也导致了资本的加速集中，在主要的资本主义国家出现了产业的集中和银行的集中。到了20世纪初，在产业领域和金融领域已经基本确立了垄断组织的统治。

金融部门的垄断使工商业资本家更加依赖于少数几个银行集团，股份制的发展则使银行大王进入产业领域，去兼并和控制工商业企业；反过来，产业巨头也入股了银行，甚至成为银行的大股东，变成新的银行家。这样，垄断性的银行资本就和产业资本融合了起来，使作为货币资本代表的银行掌握了一切，既控制了工业，也控制了商业，这样就诞生了现代金融资本[①]，资本主义进入金融资本主义的发展阶段。

金融资本主义是资本主义的成熟时期，也是"资本主义发展的最高阶段"[②]。在这一阶段，金融资本上升为标志性的资本，

---

① 现代金融资本更接近列宁在《帝国主义是资本主义最高阶段》一文中对"金融资本"所下的定义。

② 《列宁全集》第二十七卷，北京：人民出版社2017年版，第323—439页。列宁把帝国主义看作垄断资本主义、金融资本主义，同时也是最高阶段的资本主义。

因为它在资本主义生产方式以及产业资本扩张的基础上，重新确立了自己的社会统治地位。它是现代经济生活的主宰者，不仅控制了金融系统和产业部门，垄断了货币（符号）发行权，还占有着土地、矿产、交通运输等公共资源，掌握着粮食、能源、信息、技术等战略资源，控制着国民经济命脉。它更广泛地坐收垄断租金，榨取垄断利润，并且将债务关系普遍化，建立起日益庞大的食利性机制，还把这种食利性机制输出到全世界。如果说产业资本家主要输出商品，或进行海外直接投资（即在资本输入国当地建立生产企业），那么金融资本家则热衷于输出信用，要么以借贷的方式输出货币资本，充当他国政府或国民的债权人，要么购买外国企业的证券进行间接投资和投机。

金融资本主义作为最高阶段的资本主义也意味着资本主义将逐渐走下坡路。金融资本主义始于20世纪初，一直延续至今，第二次世界大战之后的当代资本主义毋庸置疑仍然处在这一大历史阶段当中。因此，当代资本主义理应属于"金融资本主义"，确切地说，它构成了金融资本主义的新近阶段。

但是根据前述内容，金融资本并非只是金融资本主义时期的独特产物。从资本形态演化的维度来看，资本主义的三个历史阶段同时也可以反映出金融资本发展的不同样态。

关于金融资本社会权力的论述表明，货币资本就像魔杖一样，能使金融资本家自由、灵活和有效地占有或退出各种经济部门。金融资本的身上正体现了各种榨取财富的形式的统一，因为大货币资本所有者既可以从事商业，又可以经营工厂，同时也可以去放贷。在欧洲中世纪，1118年罗马教皇在地中海东岸成立了宗教军事团体——圣殿骑士团，他们不仅参加作战，也建造船队、经营贸易、放高利贷、聚敛土地资产、收取关税和过路费等，并替各国国王和贵族们管理财富，成为最有势力的早期银行家。16世纪，实力雄厚的商人并不局限于某一种经营活动，"他随机应变，一会儿是船主、承保人、贷款者，一会儿又是借款人、金融家、银行家、甚至是实力家或企业经营者"[①]。他们的经营活动只有一种不变的倾向，那就是经营货币资本和进行金融交易。

在商业资本主义时代，君主为了换取贷款，将海外贸易特许专营权出售给了手中积累大量货币的商人。富有的商人通过合作入股的形式组建了冒险家公司，分享航海探险的高额风险回报，最典型的就是英国于1600年成立东印度公司、荷兰于1602年成立东印度公司以及于1621年成立西印度公司。这种商业殖民巨型公司既是贸易公司，又是金融公司，同时还是殖民统治机构。

---

① ［法］费尔南·布罗代尔：《资本主义的动力》，杨起译，北京：生活·读书·新知三联书店1997年版，第40页。

它们垄断着海外贸易航路以及与殖民地之间的重要物资产销（包括贩奴贸易）；可以自铸货币，创造出可自由交易的股票和债券这样的金融工具，广泛吸收风险资本；可以组建武装力量，发动战争，实行军事掠夺，并拥有对殖民地的广泛权力，包括行政、税收、勘探、资源开发等权力。其中，荷兰东印度公司的经营方式推动了有限责任股份公司制——这一现代企业组织形式、股票二级市场等方面的金融创新。为交易东印度公司的股份而成立的阿姆斯特丹交易所，被认为是世界第一家股票交易市场。也就是说，在商业资本主义时代，金融资本主要是以垄断经济财富和掌握着一定政治权力的商人寡头资本的面目存在的。

如果说，商业资本主义时代的金融资本还是吸附在前资本主义的躯体上，基于封建的索取特权而存在的话，那么在产业资本主义时代，金融资本已经建筑在资本主义生产方式的地基上了。所谓的产业资本主义，实质上是资产阶级从商业转到将工业生产作为实现赚钱目的的主要中介。英国在产业资本主义的最初阶段，新兴的产业资产阶级（包括小企业主、"自由商人"）强烈要求终结东印度公司这样的与旧商业贵族紧密结合的大资本垄断特权，实行"自由竞争"和"自由贸易"。18世纪末至19世纪中期，由中小资本为主体的制造业（包括作为国家支柱产业且大机器工厂与大量手工工场并存的棉纺织业）的确呈现出了自由竞争的势头。但是，随着资本主义生产的不断扩张，新工业部门的不断涌现，银行家、交易所大王、商业寡头以及与之相联系的大地产所有者也积极参与到产业的投资中来，并利用工业生产的狂飙突进进行疯狂的投机，从而阶段性地制造出股市泡沫。

资本主义生产方式向全球扩展，投资市场也在世界各地出现。19世纪中期，欧洲铁路建设狂潮及最后的泡沫破裂是由很多投机资本来推动的。与前资本主义社会和产业资本发展的最初阶段不同，对产业利润的占有和瓜分变成了金融资本利润的根本来源，由此实现了金融资本的现代化。19世纪后半叶崛起的美国金融寡头 J. P. 摩根深刻洞悉这一点，他声称，产业的收益才是未来银行界财源的真正后盾。

金融资本对工业生产的介入导致自由竞争只经历了非常短暂的时期，它不断促成大企业对中小企业的收购和兼并，到19世纪六七十年代，资本主义国家的许多产业部门都出现了垄断的趋势。最后在20世纪初，由大货币资本家所有和控制的大型垄断组织确立了对社会经济的主导权，结束了工业资本主导的产业资本主义。

那么，在二战结束以来的当代资本主义，同时作为金融资本主义新近阶段的当代资本主义，金融资本的存在和统治形式又发生了哪些变化，其特点又有哪些新的发展，从而勾勒出当代资本主义的何种面貌，这将是以下章节讲述的重点内容。

本章小结

从对资本主义历史脉络的梳理中可以看出，资本主义生产方式的根本目的是追求利润最大化，实现价值增殖。货币作为价值财富的直接表现形式，既赋予了货币资本以广泛的经济社会权力，也使金融资本成为资本主义具有统治地位的资本——这是从马克思到列宁所强调的。金融资本贯穿着资本主义的发展史，它在后者演变的不同阶段有不同的表现和积累形式。根据这一逻辑脉络，我们定位了当代资本主义所处的历史阶段，即它属于金融资本主义，是金融资本主义发展的新近阶段。

金融资本既有配置资源，组织和促进社会生产力发展的积极的一面，又有食利性、寄生性等腐朽反动的一面。金融资本积累的两面性提示我们，向未来社会过渡的方向，不只是推翻资本主义的统治，还应该扬弃金融资本，即在消除金融资本非生产性积累的同时，保留其生产性的职能。而这个职能，恰恰是我们社会主义国家银行的主要职能。

第二章

垄断与食利

——当代资本主义的总体特征

关于金融资本主义，列宁在经典著作《帝国主义是资本主义的最高阶段》(简称《帝国主义论》) 中已经做了一定的总结，指出其本质特征是垄断，以及金融寡头在政治和经济上的统治。作为金融资本主义发展的新近阶段的当代资本主义，毫无疑问也具备这两大特征。

但是，假如我们放大到整个资本主义史就会发现，垄断是大资本的根本属性，商业资本主义时代也有自己的垄断。同时，垄断必定会导致食利，因为垄断利润不是来源于劳动创造，而是来源于对他人利润和收入的转移和掠夺。如果垄断资本只是坐收垄断租金、利息，榨取垄断利润，长期依附在社会生产的躯体上吸血而不供血，会抑制整个社会的生产积极性和创造性，从而使资本主义走向腐朽。不过在当代资本主义中，垄断和食利的特点愈加鲜明。我们有必要以列宁的分析为参照框架，来考察它们二战后发展的具体形式。

一、产业垄断规律：技术—产业革命的阶段性结果

垄断不单单指对市场的操纵和把持。在某个特殊的时刻，比如某种商品短缺的时刻，中间商通过囤积商品的手段搅乱市场，左右价格，支配市场，这还不叫垄断。垄断是一定行为主体持续性地占有大的市场份额，掌握了定价权，从而能够控制和支配市场活动和其他市场主体，乃至制定经济行为规则，获取垄断利润。按照这个定义，垄断并非在资本主义生产方式确立统治地位之后才出现。

在商业资本主义时期，商人资本在政治和经济上的垄断是社会生活的显著特征。与分散的、相对灵活且自由的地方贸易不同，海外贸易的经手人只有几个，因为海外贸易需要投入的成本极高，且风险很大，不是一般小商人、小企业主能够参与进去的，只有大批发商有能力从事这种经营，并从中积累起巨额的资本。君主也将海外贸易特许经营权，即外贸垄断权授予了与他们结交甚密的大商人。在作为重商主义发源地的英国，16、17世纪伦敦商人在议会中提出各种议案，激烈争论的主题基本上是"争夺市场和原料，排除外来竞争者，保护本地市场，实现垄断经营"。当时各行业公会就是维护各自垄断利益的组织。新兴工业同样依靠王室的垄断权来创办和加以保护，它的进口和出口必须

以王室垄断权的特许为基础。这种国家与大资本利益勾结，以皇家特许权为基础的垄断遭到了逐渐发展起来的手工工场主－小业主阶级的反对。

1776年，英国经济学家亚当·斯密正式出版《国民财富的性质和原因的研究》（简称《国富论》）。这本书被看作资产阶级自由主义经济学的奠基之作、西方经济学界的"圣经"。书中提出，国家只有采用自由放任的经济政策，才有利于分工和国民财富的增长。亚当·斯密反对国家干预和管制，鼓吹让市场机制这只"看不见的手"来自行调节经济，这一主张被资产阶级奉为圭臬。但是，在亚当·斯密写作的年代，产业革命事实上刚露苗头，在今后一个多世纪将成为英国民族工业的棉纺织业中，技术革新才刚刚开始，离1785年瓦特制成的蒸汽机投入使用还有十多年。也就是说，大机器工业当时还未建立，资本主义生产方式并没有真正确立。

因此，亚当·斯密的自由主义经济主张，实质上针对的是在重商主义政策中处于垄断地位的土地贵族－商人集团，他要争取的是那些处在国家保护之外的众多中小手工工场的利益和自由。他认为，可以通过自由竞争来引导人们进行资源的优化配置，所依据的不过是农业社会中土地作为生产资料，可以在各种农产品中自由转移生产的状况（即在同一块土地上可以种植不同的农产品）。换而言之，亚当·斯密论证的"自由竞争市场"更符合产业革命前的情形，似乎与资本主义社会化大生产没有太大关系。

相反，技术—产业革命的实际发展进程，包括对技术革命成果的首先引入和应用，技术成果的进一步扩散，最后导致相应的新生产组织——资本主义工厂制的建立，从而确立了资本主义生产方式的统治等等，丝毫没有彰显"自由竞争"的胜利。

我们以在第一次产业革命中首先实现机器生产的英国棉纺织业为例。最先采用机器不是在中小型手工工场里，而是在大工厂里。因为在机械化生产不普及的情况下，机器的价格很高，只有大资本家才买得起，因此工厂都掌握在少数有钱的资本家手中。同时，机器的生产效率比手工工场的工人生产效率高，制造出来的商品比仍然采用旧的技术生产出来的商品更便宜，质量更好，市场销路也更广。这样一来，机器生产就逐渐排挤掉了原来的工场手工业工人，直到使全部工业都被大资本家所占领。当然，机器是逐步地占据一个个生产领域的，这是一个自然、长期的过程，英国直到19世纪40年代左右才完成产业革命。但是在这一过程中，不是亚当·斯密所维护的手工作坊的师傅、中小工场主得到发展成为大资本家，而是从前的大商人变成了新的工厂主，后者通过竞争消灭了前者。

在从依靠商业利润为生转到依靠产业利润为生，从而变为产业资产阶级后，产业利益成为新兴资产阶级要维护的主要利益，并且在新兴资产阶级已经成熟壮大之后，他们也不再需要重商主义的保护主义卵翼，而是渴望畅通无阻地在国内外市场上运动和自由竞争了！1846年，英国工厂主布莱特和科布登，以及他们的工商业利益联盟争取废除《谷物法》的运动获得了胜利。《谷物法》于1815年颁布，禁止谷物的自由贸易，对英国进口的谷物征收高额关税，名曰"保护关税"。这固然维护了英国土地贵族的垄断利益，但由此导致国内粮食维持高价，增加了工业原料和劳动力的成本，打击了想凭借高机械化和低工资的优势扩大出口的制造业。

废除《谷物法》，相当于摧毁重商主义垄断政策的最后堡垒，同时机器工业的普遍建立，使大多数工厂都站在了大致同等的技术条件下展开竞争，英国的工业生产仿佛迎进了一缕自由竞争和自由贸易的曙光。但是，英国制造业在19世纪六七十年代之后就逐渐出现了资本加速集中乃至垄断的现象。后发的工业国家如美国、德国等也于大致同一时期呈现类似趋势，这就意味着，后发国家的产业部门经历自由竞争的时间更短。无一例外，20世纪初期，几乎所有的工业国家都出现了资本集中和垄断组织。同时就世界市场而言，在工业化国家遭遇1873年的全球经济危机后，19世纪最后25年，原先由英国推动和主导的世界自由贸易进程阻滞，被各国纷纷实行的保护关税取代了。

在第一次技术—产业革命完成之后，产业资本主义为何仅仅经过20多年的发展就出现了垄断？这与19世纪中后期兴起的第二次技术—产业革命紧密相关。顾名思义，"自由竞争"是各个经济部门、各个企业之间大体不受阻碍，进行充分竞争的状态。在这种条件下，各个企业为了赢得竞争，获取更多的利润，都要拼命压低生产成本。为此，要么延长工人的劳动时间，提高剥削压榨程度；要么改进生产技术，提高生产效率，增加单位时间的产出和总产出。对于无休止地榨取利润的要求来说，采用新技术是更为可行的。因为延长工人的劳动时间总会遇到人的生理极限这个障碍，人一天的工作时间再长也不能多于24小时，只有技术的革新有无限发展的可能。

19世纪70年代，电机和内燃机等新型发动机开始取代蒸汽发动机，并广泛应用开来，使资本主义世界跨入了电气化时代，标志着第二次技术—产业革命来临。新技术革命最终导向垄断，有两点原因。一是它的成果如同第一次技术革命一样，率先在那些规模较大的企业中得到应用。因为大企业具有资金、人才、技术积累等方面得天独厚的优势，更有条件去采用最新技术和机器设备来提高劳动生产率和降低生产成本，确保自己在自由竞争中处于优势地位。这驱动大企业不断增加资本投入，扩大生产规模，包括去吞并那些处于下风的中小企业，从而在短期内实现了资本的聚集和规模经济。二是对第二次技术革命成果的充分利用，使产业结构出现了重大变化。以化石燃料和钢铁为基础原料的重工业部门逐渐在整个工业体系中占据了主导地位，这就提高了资本准入的门槛。因为重工业部门需要巨额资本投入，尤其是应用电力技术和化学发明的生产领域，对巨额资本的需求大大增加。由此必然限制和压缩中小企业进行生产经营活动的空间，也从客观上提出了中小资本合并的要求。股份公司在同一时期成为普遍的企业经营组织形式，可以说是这种需求自然而然的结果。因此，重工业时代的寡头崛起，基本上是伴随着技术革命出现的，比如19世纪末的铁路、石油集团，20世纪上半叶的电力、钢铁巨头。

第三次技术—产业革命，即发端于20世纪70年代并延续至今的信息通信革命与前两次技术—产业革命有所不同。它呈现出去重工业化、轻资产的特点，却仍然形成了信息科技平台方面更为明显的垄断格局，比如电脑操作系统的微软，搜索引擎的谷歌（Google）和必应（Bing），社交网络的脸书（Facebook）、推特（Twitter）或微博，电子商务的亚马逊（Amazon）、阿里巴巴等。它们在市场上一家独大的能力，远远超过从前的铁路、钢铁和汽车巨型公司。究其原因，主要在于平台拥有网络效应，这是传统的规模效应所不能比拟的。

规模效应指的是，生产规模越大，单位生产成本越低，从而整体获利越多。除了规模效应外，平台企业所具有的网络效应就是，吸引的人越多，就越能吸引人，从而开拓的商业领域越广。因为网络具有强大的渗透能力和信息共享能力，在社交平台或商务平台上，参与的人数越多，所共享的信息和提供的服务就越有价值，从而产生极大的用户黏性，带来极大的商业利益。当平台的参与者和交易数量达到一定规模，就会产生对各种关键资源（用户、资本和技术等）的虹吸效应，形成"赢者通吃"的垄断局面。打个比方，在身边许多人都用微信的情况下，如果一个人不用微信，那么他与朋友或同事的沟通成本就会急剧上升，甚至由此被隔绝在社交关系或工作关系之外。所以他也只能使用微信，进而导致跟这个人关联的其他人也不得不加入微信使用队伍。微信用户增加，又会得到更多的投资青睐和广告支持，让大企业强者更强。

综合科技史与经济史的材料，我们可以得出以下几点论断：

一是技术革命的发展及后果本身带有不确定性，在不确定性中蕴含着巨大的机遇，也蕴含着巨大的风险。只有极少数财富拥有者能够承受得起对新技术采纳和应用的巨额投资失败的代价，但另一方面也意味着他们更有条件去押中技术增长的宝，从而占有大部分技术革命创造的财富。同时，由于存在着规模效应，强者愈会更强，相对地弱者愈会更弱。因此，技术革命和经济增长必定会产生巨型公司和垄断。

二是每一次技术—产业革命起初都能够带来一定的自由竞争（主要在新兴产业部门）。毕竟竞争的压力迫使越来越多的企业采用新技术，革新生产条件，从而使技术—产业革命成果扩散、普及，这一过程本身就在加剧竞争，使竞争激烈化。而每一项新技术革命成果扩散和应用之前，都意味着现有市场的一定空白，甚或一定的空白市场。那么开拓和抢占这样的空白空间，往往依靠的是相关企业及资本的自由竞争。但是时间都较为短暂，垄断很快便作为自由竞争的必然后果出现，因为垄断本身就是为了更好地应对竞争的一种方式。因此在技术—产业革命的周期性作用下，阶段性地出现自由竞争，也阶段性地出现企业大规模兼并和垄断的浪潮。

三是虽然垄断大大降低了原有范围内的竞争程度，即抑制了自由竞争，但垄断没有消灭竞争本身。垄断和竞争可以同时存在，这是因为垄断组织不可能包罗所有的社会生产部门，在垄断组织之外不仅存在还不断涌现出新的中小企业；不光在非垄断企业之间存在竞争，即便在垄断程度较高的部门，垄断组织之间和内部同样存在竞争。作为技术—产业革命的阶段性结果，新的垄断形态是在更高的技术—生产条件下来竞争。

二、新垄断形态：兼并与腐朽趋势的发展

第二次世界大战之后，当代资本主义既延续了战前的垄断形态，又在垄断的广度和深度上有所发展。

垄断的形成有两种途径：一种是依靠内部的积累，不断追加资本投入，提升生产和经营效率，做大企业规模，最终形成高市场占有率；一种是依靠对外兼并，即收购其他企业的股权达到对后者的控制，或与其他企业合并，从而实现资本和生产的高度集中。随着资本主义的发展，兼并越来越成为资本扩张和垄断的主要途径。

自19世纪末以来，西方资本主义国家出现过五次企业兼并浪潮。第一次兼并浪潮出现在19世纪与20世纪之交，以英国、美国、德国为典型；第二次兼并浪潮发生在20世纪20年代；第三次兼并浪潮始于20世纪50年代，一直持续到20世纪70年代初；第四次兼并浪潮出现于20世纪70年代中期至1992年左右；从20世纪90年代中期开始又掀起了第五次兼并浪潮，至今方兴未艾。

从规模上看，当代资本主义的兼并浪潮不仅远远超过前两次

兼并浪潮，而且一浪更比一浪高。在高峰年份，美国采矿业和制造业中的兼并活动在1898—1902年平均每年有530.6起，1925—1929年平均每年有916起，1965—1969年平均每年有1642.6起，1983—1986年平均每年达到3250起。[①]法国在1960—1970年的兼并高峰期，兼并企业数高达1850家，平均每年兼并185家企业，约为战前同一指标的10倍。[②]

不仅企业兼并数量增加，兼并的交易金额也在上涨，平均交易规模不断增大。1970—1975年，英国的兼并活动为4911起，涉及金额66.68亿英镑，平均每起兼并活动交易额为135.7万英镑。同样六年内，1985—1990年的兼并活动为6309起，同期兼并价值总额为948.17亿英镑，平均每起兼并活动交易额为1502.8万英镑，交易总额和平均每起交易额的增长速度都大大高于兼并数量的增长。美国在1978年之前，10亿美元以上的大型并购案是很罕见的，20世纪80年代之后此类交易就不断增多，1983年至1988年，10亿美元以上的并购事件由6起增加到37起，100亿美元以上的并购事件也有多起。1975年平均每起兼并活动交易额为522.4万美元，1984年平均每起兼并活动交易额为4797.4万美元，

---

① 黄素庵、甄炳禧：《重评当代资本主义经济：科学技术进步与资本主义经济的变化》，北京：世界知识出版社1996年版，第108页。
② 宋养琰：《剖析西方国家企业并购的五大浪潮（上）》，《中外企业家》2008年第1期。

虽然兼并数目的增长率只有10.7%，每起兼并活动平均规模却增长了8倍多。[①]到了2007年上半年，世界范围内兼并和收购活动的规模已达2.78万亿美元，超过了当年GDP排名世界前10位的国家中6个国家的GDP总额，且比2006年同期增长50%，平均交易规模同比增长达到新的创纪录水平。

从兼并方式上来看，垄断在向纵深发展。在第一次兼并浪潮中，企业兼并还只是最简单、最基本的形式——横向兼并，就是经营同一产品的公司通过合并占据了该产品市场的巨大份额，取得垄断地位。1899年，英国31家生产棉花纺织机的同类中小企业就能合并成一个大垄断企业——优质棉花纺织机联合体。

在第二次兼并浪潮中，企业兼并并不停留于横向兼并，而是向纵向兼并发展。当然，19世纪末加速的垄断造成大量资源和财富集中，垄断寡头和财团采用种种非法手段打击竞争对手，游说政客和政府，通过制度和立法保护自己的垄断利益，导致了不公平竞争，产业环境和政治生态恶化，引起社会和政府的不安，政府不得不出台反垄断法。美国1890年出台了《谢尔曼反托拉斯法案》，以横向兼并来扩大企业规模，组成行业托拉斯的做法由此大大受到限制。纵向兼并则规避了横向兼并，这也是该时期纵

---

① 宋养琰：《剖析西方国家企业并购的五大浪潮（下）》，《中外企业家》2008年第2期。

向兼并成为兼并主要形式的非常重要的原因。

纵向兼并就是将同一产业链上下游的企业（包括生产工序前后的企业，原料供应、加工制造和产品销售等产品链各个环节上的企业）合并起来，形成产销一体化或生产一体化，这是优势大企业对整个产业链的整合和控制，它加深了部门内部的垄断。

到了第三次兼并浪潮中，企业的扩张不单单是向生产同一产品企业的横向扩张，以及向同一产业内经营相关联的产品和服务的企业的纵向扩张，而且是进入不同产业的跨部门扩张。这种扩张把生产和经营彼此毫不相干的产品和服务的若干企业合并到一起，组成集团企业，实现多元化经营，又称混合兼并。同时由于是对不同行业、不同领域的兼营，也提高了整个经济的综合垄断程度。比如，该时期的美国石油巨头埃克森公司，虽然主营石油和天然气，但是除了从事与石油相关的勘探、炼油和精加工业务外，还多方兼并、收购，涉足海运、煤矿和金属矿开采、核电站设备、化学、电器产品、计算机等电子设备以及旅游业等多种行业。

在第四次兼并浪潮中，除了前三种兼并方式同时存在并继续发展外，还出现了新的兼并特点。在企业的兼并重组中，金融机构担任着越来越重要的筹措资金的作用。由此产生了两种相互联系的兼并形式：第一种兼并形式叫"杠杆收购"，指兼并公司通过向银行借款，或发行债券向公开市场筹集收购资金，完成收购。20世纪七八十年代兴起的这种为并购而发行的债券通常资信低、风险大、利率高，被称为"垃圾债券"。"垃圾债券"使兼并公司只需付出相对较小的资本代价就能完成收购，因而导致了很多小企业能够去购买较大的企业，经营较差的企业能够去购买经营较好的企业，技术水平较差的企业能够去购买技术水平较高的企业，这也是当时出现的新现象。第二种兼并形式叫"恶意收购"，20世纪80年代后期在美国颇为盛行。它指兼并公司想收购目标公司却遭到对方管理层的拒绝，且管理层还采取一定防卫措施来阻止收购，收购方便绕开目标公司的董事会，直接向目标公司的股东提出收购股权，且在成功获取目标公司股权成为新的股东、新的所有者后，将原有的董事会解散。在此过程中，金融机构通过其发行的"垃圾债券"，同样为兼并公司提供了完成恶意收购所需的资金。

第五次兼并浪潮最大的特点是，在多种兼并形式并存的基础上，出现了企业的"强强联合"。即被兼并的企业本身规模就很大，兼并交易金额屡创新高，合并而成的是"巨无霸"型企业，且兼并活动扩展到各大跨国公司之间，形成一种新的"合作共赢"模式。

1996年，全球最大的飞机制造商波音公司兼并了麦道公司，交易总金额为212.7亿美元。合并后的波音－麦道公司拥有了500亿美元的资产和20万员工，并占有了民用客机75%的世界市场份额。1998年，德国戴姆勒－奔驰汽车公司以380亿美元并购美国三大汽车公司之一的克莱斯勒公司，合并后的戴姆勒－克莱斯勒拥有资产900多亿美元，成为世界第三大汽车公司。同年，美国两大石油巨头埃克森石油公司则和美孚石油公司实现合并，组成了世界石油市场真正的巨无霸。2001年，先是大通银行收购了汉奥工厂和凯米克银行，随后摩根财团收购了大通银行，合并成的摩根大通银行不久又以580亿美元的价格收购了美国第一银行，从而组成美国第二大银行企业。美国电信市场的巨无霸威瑞森（Verizon）收购了MCI通信公司，交易总额为67亿美元，另外两家电信企业斯普林特（Sprint）与耐克斯（Nextel）则以350亿美元进行了兼并重组，成为美国第三大移动电话服务提供商。原本已经具有一定垄断地位的大企业还是要不断谋求更大的市场份额和定价权，追求更高程度的垄断。

列宁认为，垄断会使资本主义在一定程度上丧失前进的动因，甚至阻碍社会进步，从而产生腐朽性。[1]就兼并而言，付出如此巨额的并购资金，巨型企业并不是为了更好地促进生产和

---

① 《列宁全集》第二十七卷，北京：人民出版社2017年版，第411页。

推动科技进步，而是为了榨取更多的垄断利润。规模经济，即通过扩大生产经营规模来降低平均成本，这是获得垄断利润的前提条件。

每一次的并购都会营造出企业发展前景更光明的预期，从而抬高兼并后的企业的股票和其他资产价格，给企业的大股东、银行或其他信贷支持者以及企业高管带来丰厚的股息、利息和分红。但是，对上下游小的原料、零件供应商与消费者形成新的剥夺，因为他们被迫承受着更高的价格和更窄的选择余地。比如，我们在超市里看到有那么多牌子的日用洗涤品，通常认为似乎可以由此享受到竞争所带来的价格优惠，却不知其实它们大部分不过是宝洁公司对许多中小品牌大举并购后的产品。

列宁在《帝国主义论》中写道，在规定了垄断价格后，垄断企业就不再有动力去推动科学与技术进步了。这很容易理解，举个例子，在美国高度垄断的汽车市场上，通用汽车公司作为三大寡头企业之一，从1946—1973年，它仅仅通过将其汽车的零售价设定于确保有20%税后纯利润的高回报率水平，就能获得这一利润，而同期美国制造业整体的平均利润率才9%。显而易见，在这种情况下，通用汽车公司并不需要去进行什么技术创新，开发优化新的产品功能。

相反，寡头企业为了让他们前期投资开发的某一项产品的生产线能够保持数十年，乃至更长时间的暴利赚钱的能力，甚至会人为限制和阻挠新技术的应用。如果新出现的一项技术发明有可能会引起行业内生产格局的大变动，威胁到大企业的垄断优势，取消掉垄断价格，垄断企业便会去收买这项技术发明，并把它束之高阁，以此消除科技产品的频繁更新换代或新技术将给他们造成的巨额投资风险。

所以我们通常会看到，在已经成熟的市场领域中，巨型公司的决策逐渐变得非常保守，它们更倾向于"守住地盘"，稳扎稳打，坐收垄断利润和垄断租金，而不是为层出不穷的科学发明成果更换新的生产线，对市场的变化往往也不如中小企业那么敏锐，因此科技发明和技术创新的源动力很少来自巨型公司。这样导致了一种趋势，就是与该领域相关的民用型科技产品的更新换代速度会越来越低，这也印证了列宁所说的"垄断所固有的停滞和腐朽的趋势"[1]。

巨型公司并不太乐于充当技术创新的实践者或培育者，而是更愿意充当技术创新成果的收割者。它们通常将前沿领域的技术研发委托给中小企业或个人，最后将后者的发明专利进行收购、买卖和消化吸收，并借机以雄厚的资金后盾排挤后者。

---

[1] 《列宁全集》第二十七卷，北京：人民出版社2017年版，第411页。

20世纪50年代，一位通用电气公司的相关负责人这样说："我从来没有听说最初的产品发明是由任何一个巨型实验室或公司做出的，就连电动剃刀和电气暖身器也不是，只有家用食物研磨机可能是例外。……巨型公司所做的是，偷偷地走进来，购买和吞并较小的创造者。"①那么，时间过去大半个世纪后，情况是否有所改变？

在20世纪末至21世纪初，美国的公司巨头花了20万亿美元用于并购，投入新技术上的研发经费却只有2万亿美元。②21世纪的跨国医药公司一方面不断将研发活动外包，另一方面热衷于兼并发展中国家的基础生产商、成功的研发企业和初创公司，以期从高质量、低成本的医药生产中赚取高额利润，致使这一领域针对发展中国家的跨境并购所占比例从2006年的不足4%迅速跃升至2013年的18%以上。③在非常依赖大型机械设备，以高比重固定资产和规模化、集中化生产为特征的重工业部门，比如石油生产部门，大企业的创新指数尤其低，这是因为重工业部门出于技术升级更换生产线的成本非常高。

---

① ［美］保罗·巴兰、保罗·斯威齐：《垄断资本》，南开大学政治经济学系译，北京：商务印书馆1977年版，第53页。

② ［美］迈克尔·帕伦蒂：《少数人的民主》，张萌译，北京：北京大学出版社2009年版，第11页。

③ 联合国贸易和发展组织：《世界投资报告2014——投资于可持续发展目标：一项行动计划》，北京：经济管理出版社2014年版，第5页。

而在高新技术领域，众所周知，苹果公司是21世纪初最成功和最有代表性的信息通讯科技企业，但是，苹果公司的大多数核心和关键技术并不是它自己发明的。有外国媒体列举了苹果所谓的"专利"：触摸屏是苹果公司收购了一家私人公司得到的技术，而这项技术是由英国政府资助的欧洲核子研究中心研发出来的；Siri最初是美国军方资助的技术成果，苹果公司应用了这项技术的2010年安卓软件"小i机器人语音助手"；"一键返回主屏幕"技术在iPhone诞生前一年就已在索尼爱立信手机上出现；"滑动解锁"是对第一代Windows Mobile智能机系统Windows CE技术的模仿；iPod/iTunes著名的剪影广告是对Lugz鞋2002年商业广告的抄袭；甚至苹果手机特有的圆角外形设计，在iPhone面世之前就已在三星F700手机上出现了。也就是说，苹果的许多重要技术要么是购买的专利要么是剽窃。事实上，此类现象在包括软件领域在内的成果容易复制的互联网新兴产业中屡见不鲜。

另一方面，对于那些需要巨额资本积累和资金投入的产业，例如二战后在航天、核能、计算机、通信等领域，私人资本的投资并不是技术研发经费的主要来源。相反在新兴部门，研发的主要经费来自政府（或准确地说是纳税人），正如19世纪欧洲大陆上的许多国家，铁路、邮政、电报等交通通信基础设施主要由政府来投资或运营一样。

在世界领先的美国计算机领域，20世纪50年代的早期研究和技术开发，乃至20世纪六七十年代用于发展个人计算机的大多数技术，都是由美国政府通过国防部高级研究计划管理局的专项计划来资助的。1969年，美国政府出资将15个研究机构的内部网络连接在一起，形成一个全国性网络，才诞生了互联网的前身——"阿帕网"。促成移动互联网和iPhone智能机诞生的那些基础技术，包括微处理器、存储芯片、固态硬盘、液晶显示器、锂电池、信号压缩、快速傅里叶变换算法、互联网、HTTP协议、手机通信网络等，也无一不是由美国或欧洲的政府机构或者政府资助的机构（如美国国防部、能源部、国防部高级研究计划局、国立卫生研究院、美国国家科学基金会、欧洲核子研究中心）研发出来。不仅如此，美国国家航天航空局、原子能委员会、国防部等国家机构间的合作和专项计划，还资助了民用核能、生物技术、激光器、喷气式飞机等前沿技术在二战后整整一个时代的研发。

总而言之，私人资本很多时候不过坐收了国家投资的基础研究的红利，只有当技术创新被预见到有商业发展的乐观前景，即有盈利可能性，且进入技术的商业开发和应用阶段，私人资本才积极参与了进来。

垄断企业懒于技术创新也就罢了，却还时常以"创新"巧立名目骗取政府的资助资金。它们从国家的庇护那里索取和吮吸财富的贪婪劲头是一贯以来的。

19世纪末，一些大资本或大企业明明在某些产业部门已经占据了垄断地位，却还要求政府继续实行保护关税，隔绝外国竞争，以便在国内市场上维持和巩固垄断利润。而在当今的美国，"大公司不愿将资金投入工厂设备的更新中去，于是便向政府哭穷，要求政府提供资金以支撑其设备改造和技术研发——此举也是为了提高企业在外国市场的竞争力。然而当资金到位后，这些大公司往往将其转化为现金储备供企业兼并备用。比如，在解雇了20000名雇工后，在得到政府数亿美元的企业补贴与税收减免后，美国钢铁公司仍然拒绝更新其过时设备，然而时隔不久，它便以62亿美元的价格收购了马拉松石油公司"①。

三、跨国公司：全球经济的组织者

企业兼并的世界史表明，资本不光有国内垄断，还有国际垄断。而谈到资本的国际垄断，就必然要涉及资本国际垄断的组织形式。跨国公司就是资本在国际层面积聚、集中和组织起来的一种形式。

---

① ［美］迈克尔·帕伦蒂：《少数人的民主》，张萌译，北京：北京大学出版社2009年版，第20页。

一国实力雄厚的大型公司在取得国内市场的主导地位后，自然而然会想到要开辟他国市场，扩大其业务活动和赢利的地域范围；或者当一国企业在国内市场上拼杀搏斗的同时，就想到要向海外开疆拓土。于是，这类企业便对他国进行直接投资，或收购当地企业，在投资目标国（又叫"东道国"）建立起隶属于自己的分公司或子公司，形成新的生产和经营基地。企业只要对两个或两个以上的国家进行直接投资，就可以称为跨国公司。

跨国公司在19世纪就已出现，只不过总体规模较小，也没有形成强大的趋势，非常典型的是西方国家在殖民地从事经营的公司。19世纪末至20世纪初，美国石油巨头埃克森石油公司、英国石油公司和荷兰皇家壳牌公司是颇具代表性的巨型垄断性跨国公司。

第二次世界大战之后，以苏联为首的社会主义国家阵营出现，亚非拉民族解放运动取得胜利，新兴民族国家纷纷致力于扶持和建立自己的民族工业，并在消费品工业上逐渐成为发达国家的竞争者，使得资本主义的世界市场大为缩小。同时，为争夺有限的世界市场，欧美各国采取了一系列贸易保护主义的措施，各资本主义国家的资本集团之间的竞争更加激烈了。在这种情况下，跨国公司发展、壮大，一方面是出于利用东道国廉价的劳动力、丰厚的自然资源、现有的销售网络等有利的生产经营条件以降低成本，就地生产，就地销售的考虑；另一方面通过对东道国进行直接投资，从而绕开保护主义的关税和非关税壁垒，也成为企业对外投资的策略。

第二次世界大战之后，尤其是20世纪六七十年代以来涌现出大量的跨国公司，到21世纪初，全球跨国公司已达77000家，其国外分支机构达780000家，遍及一切国家和经济活动。[①]其中很多是中小型跨国公司，它们构成当代跨国公司的主体。但是，对全球经济真正起决定性作用的仍然是巨型跨国公司。

各国的垄断企业在世界市场上无疑是相互竞争的。但是，竞争也只是这些企业对外扩张的一个方面。一切竞争的手段都是为了使资本增殖、利润扩大。当竞争达到一定程度，利润不再增加而是开始降低，那么彼此妥协、合作，避免两败俱伤，就成了促进利润增长的必要条件。于是，各国的垄断资本集团经过激烈斗争，组成了各种形式的国际垄断同盟，以缓和相互的竞争，实现合作，共同瓜分世界市场。这些国际垄断同盟有以下几种形式：

1.国际卡特尔

由生产同类商品的各国垄断资本围绕着销售市场划分、产品价格规定、生产规模等方面达成协定而建立起来。参与国际卡特

---

① 黄河：《跨国公司与当代国际关系》，上海：上海人民出版社2008年版，第95页。

尔的各国企业都具有相对独立性，其协定较松散，容易因国际政治经济关系的变动而遭到破坏并解散。

2.国际辛迪加

在国际卡特尔基础上进一步发展而成。它是各国垄断资本在原料采购和商品销售方面签订共同协议的组织，但通常也跟国际卡特尔没有太大的区别。

3.国际托拉斯

由生产同类商品或者在产品生产上有密切关系的跨国大企业在生产领域合并组成，包括生产同类商品的企业的横向合并和跨越不同生产部门和生产工序的企业的纵向合并。国际托拉斯的各国参与者不再具有完全的产销自主权，而是成为脱离实际生产过程的持股人。

4.国际康采恩

它把工业、商业、运输业、金融、保险等不同经济部门的各国企业联合在一起，围绕着其中实力最为雄厚的工业垄断企业和大银行组成一个"相关利益共同体"，是跨国的混合兼并形式。

在第二次世界大战之前，国际卡特尔是垄断资本组成国际垄断同盟的主要形式，战后，巨型跨国公司则成为当代的垄断资本国际组织的代表。巨型跨国公司是由国际托拉斯或国际康采恩发展而来的，因此意味着更高的资本、原材料、商品、劳动力、科技等资源的集中度。

第五次兼并浪潮中巨型公司相互的跨国兼并，也造就了全球性跨国公司的一个发展高峰。虽然这种趋势在2008年全球金融危机之后有所回落，进展缓慢了下来，但仍延续至今。截至2018年，仍保持在前100强榜单上的跨国公司，基本上是跨国并购的结果。

资本在国际层面上集中，就表示原本来源于不同国家和属于不同国家控制的资本现在被集中统一控制。这种集中可以采取两种方式：一种是不同的资本主义国家的大公司和大企业，处在一国单一的大企业控制之下，成为后者的附属机构。比如跨国兼并中法国的布尔电脑公司（Machines Bull）被美国的通用电气公司（GE）收购，比利时的沙勒罗瓦电气工程公司（ACEC）被美国的西屋电气公司（Westinghouse Electric）收购，英国的菲尼克斯公司（Phoenix Works）被美国的火石（Firestone）收购等等。另一种是归属于不同国家所有的大公司大企业，相互交融于一个国际公司内部，而控制权不必落入任何单一的企业或资本所有者手中。德国奔驰公司合并美国的克莱斯勒公司后，二者各占的股权比例大致相当，德国的VFW公司与荷兰的Fokker公司共同组成飞机托拉斯联合体，成立新的联合公司，它们都属于垄断资本的国际联合和融合。

跨国公司的国际集中化程度不断加强。21世纪初，跨国公司年生产总值占到了世界国内生产总值的25%，工业国家总产值的40%，它们控制着60%的世界贸易、80%以上的对外直接投资、90%以上的民用科技开发与转让。[①]2000年，在世界上100个最大的经济行为主体中，巨型跨国公司占了将近一半，有43个，它们的生产性资产占了全球生产性资产的四分之一，而15家跨国公司几乎控制了全球基本商品的贸易。[②]巨型跨国公司的总资产、总销售额和总营业收入都超过不少国家的GDP，它们在国际贸易、金融、投资和生产领域中占有越来越强的垄断地位。

因此，巨型跨国公司虽然数量相对不多，但掌握着世界大多数资源，对世界经济起着强大的组织作用。

首先，巨型跨国公司通常是跨国界、跨区域、跨行业、跨部门的单一国际垄断企业，它们同时也是全球公司，面向的是整个全球市场，经营活动是在全球范围内安排的。20世纪80年代兴起的信息和网络技术商业化革命，更使巨型跨国公司的经营活动几乎扩展到世界经济的所有领域。巨型跨国公司海外经营所占的份额也不断增长。

---

① 宋养琰：《剖析西方国家企业并购的五大浪潮（下）》，《中外企业家》2008年第2期。

② 联合国贸易与发展会议：《2000年世界投资报告：跨国并购与发展》，冼国明译，北京：中国财政经济出版社2001年版，第85—87页。

　　根据联合国发布的世界投资报告，2003年至2014年这11年间，世界最大的100家跨国公司，其国外资产从39930亿美元上升为82660亿美元，总资产从80230亿美元上升为138470亿美元，国外资产占总资产的比率从49.8%跃至60%；国外销售额2003年为30030亿美元，2014年为61320亿美元，占总销售额的比率从54.1%提高到66%；国外雇佣人数从724.2万人扩大到995.9万人，占总雇佣人数的比率从49.5%上升至57%。[1]

　　跨国公司的投资根据不同国家和地区利润率的高低（包括产品附加值的高低）来进行分配，这不仅加速了产业资本在各国间的流动，而且在某种意义上也决定了产业资本的流向。

　　跨国公司在不同的国家创办企业、建立工厂、设立分支机构、招募当地员工，利用当地特有的生产资源，构建起不同的生产组织环境，服务于不同的本地市场，使生产和经营都国际化了。跨国公司的直接投资不仅成为东道国国内经济举足轻重的组成部分，从而影响当地的经济决策和经济发展，同时由于这一部分生产和经营服从于跨国公司的全球经营战略，也大致决定了东道国在全球产业链中的位置。

　　它们的母公司与在海外的子公司之间进行内部商品调拨，

---

　　[1]　陈建安：《国际直接投资与跨国公司的全球经营》，上海：复旦大学出版社2016年版，第40页。

其产品通过海外附属机构直接销售，以及从事与子公司业务无关的跨国交易，这些都构成了新的国际贸易形式。如今，与跨国公司相关或由跨国公司控制的国际贸易已占全球进出口贸易的80%以上。

跨国公司从本国向海外转移和扩展生产经营活动的同时，也伴随着向海外转移生产和经营的技术，包括将母公司拥有的技术适当转让给海外子公司，将海外优秀研究人才召集至母公司研发部门集中管理，在研发条件充足的东道国就地组织技术研发，与其他国家企业进行技术交换或组成共同研发的国际战略同盟等展开跨国合作。

总而言之，跨国公司推进了资本、生产、贸易、技术的国际化和全球化，加速资源在国际和全球层面的整合，形成了遍布全球方方面面的生产网络。20世纪八九十年代的经济全球化趋势，从根本上说就是由跨国公司来推动和主导的。而巨型跨国公司拥有更明显的规模优势、品牌优势、科技人才优势、融资优势等等，又决定着经济全球化的资源流动方向、生产分工形式和收益分配。

其次，巨型跨国公司深化了生产的国际分工，决定着全球经济的资源配置。这种分工表现为三种形式：

一是企业内的国际分工。跨国公司的横向、纵向、混合兼并活动，将过去很多发生在不同企业、不同部门、不同产业之间的分工都内在化了，即都变成同属一个大企业且分布在各个国家、地区的内部附属机构之间的分工。

二是产品生产工序的国际分工。跨国公司把产品制造过程分割成一个个生产环节，根据各个国家及地区不同的资源优势，将生产工序配置在不同的地理区域（通常发生在多部件多工艺的复杂制成品的生产上），并把每个地理区域的单个企业当作整个生产链条上的一个价值创造节点。这样，无论是印度的生产，中国的生产，还是西欧、日韩的生产，就都被整合到了同一条产业链、供应链上。

苹果公司正是基于全球产业链的细致分工开发新产品的绝佳代表。以智能手机iPhone为例，美国公司总部负责设计、软件开发和制定市场策略，然后在世界各地进行零部件采购（其中美国的英特尔公司提供多维基带晶片和多模射频收发器，DIALOG公司提供主要的电源管理晶片，安华高科技公司提供音量和功率放大器，博通提供蓝牙和定位元件；欧洲的博世提供气体压力感测元件，恩智浦提供近距离无线通信控制元件；日本的夏普和JDI提供面板，村田制造所供应电容器，TDK提供天线转换模组供应处理器；韩国的LG供应显示模组，三星和海力士供应芯片和内存；中国大陆的惠州德赛供应电池、欧菲光提供摄像头，中国台湾地区的大立光供应摄像头镜片、台积电代工芯片等等），再在中国大陆由富士康、鸿海、和硕、广达等厂商完成组装，运到美国加州和其他地方的中间仓库存储，最后分销到全球各个销售点。

三是跨国公司进一步推动上述两种分工发展为产业内的国际分工，形成高、中、低不同层次的价值创造格局。在一条产业链上，经济较落后的国家进行原料供应，或从事质量较差、附加值低的中间产品的生产；经济发达的国家则进行研发、设计，或从事质量高、附加值也高的终端产品的生产。对于那些异质性大、需求量也大的产品（比如不同的芯片元件），分别由经济发展水平相当，且能够保证产品具有相同质量的多个国家（尤其指发达国家）来从事生产和进出口。

在关于跨国公司的分析中，还有一个重大问题，即它与国家权力的关系。跨国资本的国际竞争不仅是经济性的，也是政治性的。跨国公司在世界市场披荆斩棘的背后，都有民族国家的支持。跨国公司和民族国家之间是相互依赖的关系。跨国公司的竞争力，代表着母国的竞争力，跨国公司的利益，在某种程度上可以看作母国的利益，而母国的国家战略也会反射到跨国公司的全球活动中，影响和牵制着跨国公司的经营行为。大企业间的国际竞争，由此往往会转化成国家间的矛盾和冲突。在殖民帝国主义时代，帝国的军队就为本国企业在海外的投资利益保驾护航，至今仍然如此。在绝大多数情况下，跨国公司和民族国家拥有一致的对外战略目标，而无论具体进路上是否一致。

20世纪末，由于跨国公司在全球经营的分散度不断提高，各国资本国际层面的融合度加强，它们与母国的经济连带关系和政治依从关系有所减弱，有人认为，跨国公司出现了"无国籍化的趋势"，变成了脱离民族国家身份的"全球公司"。但是，只要查明和综合考虑这类公司的最大所有者的国籍、总部所在地、利润归属地、所依赖的主要政治资源来源地，或提供主权保护的来源国等，都能确定所谓"无国籍公司"的真正国籍。

根据联合国世界投资报告，20世纪90年代，90%左右的跨国公司来自发达国家，约1%的跨国公司来自中欧和东欧国家，其余部分来自发展中国家。跨国公司的母国集中在美国、英国、德国、法国、日本这五个国家，它们的跨国公司约占发达国家跨国公司总数的一半以上。[①]这一格局在21世纪初依然变化不大。截至2004年，世界500强跨国公司中，来自发达国家的占了将近90%，其中美国公司又占了发达国家数额的约43%。[②]

---

① 联合国跨国公司项目：《1993年世界投资报告——跨国公司与一体化国际生产》，储祥银、孟继成、梁蓓等译，北京：对外贸易教育出版社1994年版，第13—14页。

② 黄河：《跨国公司与当代国际关系》，上海：上海人民出版社2008年版，第97页。

可以说，跨国公司对全球经济的组织，对全球分工体系的控制，相当于发达国家中的领先国家对世界经济的主导和控制。正如众所周知的，二战后美国建立了它在资本主义世界体系中的霸权，其基础之一就是美国的跨国公司在全球分工体系中的支配权和绝对优势地位。

四、金融集团：全球经济的控制者

在当代资本主义世界体系中，跨国公司固然已经成为在全球层面组织经济链条，不断深化国际分工的主导性力量。但是，比跨国公司具有更大影响力的却是它背后的所有者。那么，真正拥有跨国公司的又是谁呢？那就是国际金融集团。

所谓金融集团（又称财团），是由极少数金融寡头所控制的巨大银行和巨大企业结合而成的垄断集团。它们是金融资本的组织形式，实质是使垄断集团的生产利益和金融利益的联合得到巩固。

金融集团要么由一个或几个家族集合而成，比如美国洛克菲勒财团以洛克菲勒家族为核心，克利夫兰财团由伊顿、汉纳、汉弗莱和马瑟等家族组成；要么以地方为活动中心聚合而成，比如芝加哥财团、得克萨斯财团。

我们都知道，竞争是资本主义经济的常态。在聚敛和争夺财富的剧烈血腥的经济战争中，会有一波波富豪和资本家族衰落和涌现，新贵不断替代旧贵。但是，对于盘踞在国家经济政治顶层的一小撮金融寡头和金融财团来说，它们的地位却相当稳固。

1939年，美国国会资源委员会发布《美国经济结构》的调查报告指出，美国的经济是由洛克菲勒、摩根、芝加哥、杜邦、库思洛布、梅隆、克利夫兰、波士顿这八大财团所控制的。它们大多数崛起于19世纪中后期。而21世纪的今天，除了克利夫兰、库思洛布等少数几家实力有所缩减外，控制美国经济的依旧基本是上述在二战前就已成型的大财团。日本在二战之前，经过政府扶持且掌握着国家经济命脉的是三菱、三井、住友、安田这四大财团（又称"四大财阀"）。二战之后，尽管它们遭受过解散和反垄断法的限制，仍然在旧财团的金融机构基础上重新聚合起来。在当今日本的六大财团中，三菱、三井、住友依旧位列前三。20世纪初就统治着德国的西门子、克虏伯和德意志银行等寡头集团，在21世纪初照样是德国的寡头财团。

财团与国家机器紧密结合，以种种方式从政治上利用和控制国家，这一点从商业资本主义时期至当代金融资本主义时期，都是显而易见的。例如，它们组织各种民间机构，对政府施加压力和影响。在美国，杜邦家族是共和党总统竞选运动和右翼事业的最大捐助者，它还成立了31个免税的基金会，在社会文化生活方面发挥着巨大的影响力。例如，财团的巨头亲自出马，担任国家首脑和政府部门要职，参与和决定国家的大政方针，左右国家的内外政策。高盛集团的高管罗伯特·鲁宾和亨利·鲍尔森都担任过美国的财政部部长。洛克菲勒家族更是权倾朝野，其家族成员出任过总统、副总统、国务卿、国防部部长、中央情报局局长、美联储主席以及国会众参两院议员，一度包揽从总统到州长的各级高级官员。[①]

我们已经强调过金融资本对货币经营业、商业、工业，乃至对整个社会经济过程的控制。那么放大到全球层面，具有国际垄断性质的金融集团同样是资本主义世界经济的控制者。

国际金融集团是发达资本主义国家的垄断资本集团通过跨国金融投资和兼并形成的。或者也可以说，统治着各发达资本主义国家的顶级金融集团本身就具有国际化、全球化垄断的性质，它们发迹、壮大的过程从一开始就是其国内业务和国际业务的同时扩张。久负盛名的罗斯柴尔德金融家族起源于德国法兰克福，却通过替欧洲各国君主和王公贵族承办公债，经过美国独立战争、拿破仑战争、法国国债战役、意大利民族解放战争等一系列战争与革命发家致富，到19世纪中叶已控制了英、法、德、奥、意

---

① ［美］迈克尔·帕伦蒂：《少数人的民主》，张萌译，北京：北京大学出版社2009年版，第12页。

等主要工业国的货币发行权。诞生于19世纪中期的美国摩根财团，同样通过认购和承销美国、法国、墨西哥、阿根廷、英国等国的政府国债而声名鹊起。

19世纪末，西方金融集团又与本国的帝国主义政府勾结在一起，借助着日益加剧的全球殖民征服活动和帝国主义战争，将触角延伸到世界各个角落，包括大规模输出借贷资本，充当落后国家政府的债主，充当外国政府与本国军火商之间的掮客，在殖民地和半殖民地设立起银行及其分行。

在二战后的世界性财团中，尤其是20世纪70年代末以来垄断资本加快向全球扩张的进程中，除了原先局限于殖民地和势力范围的帝国主义国家的老牌财团外，在新兴领域和新兴市场国家又崛起了新的财团。如美国的高盛集团（投资银行）、加利福尼亚财团（科技领域）、得克萨斯财团（新兴地区），韩国的三星集团（新兴市场）等。甚至资本雄厚的私人投资者也搭上了金融资本主义的东风，一举成为影响地区、全球经济和政局的金融大鳄，比如美国"金融大鳄"乔治·索罗斯、"股神"沃伦·巴菲特，日本软件银行集团总裁孙正义等。

另一方面，金融机构之间的并购以及扩张，也在造就规模不断扩大的金融集团。历次工商业企业兼并的浪潮，同时是金融机构兼并的浪潮。20世纪90年代末以来的世界金融业兼并浪潮中，大银行之间的兼并以及大财团对金融机构的兼并（包括跨国兼并）同样异常活跃。1999年，日本富士、兴业、第一劝业三家银行合并成瑞穗银行集团，跃居世界第一大银行集团；2000年，瑞士第二大银行集团瑞士信贷银行收购美国大型投资银行——唐纳森·勒夫金·詹雷特银行，瑞士联合银行收购美国第四大投资咨询公司佩因·韦伯公司，组成世界最大的投资服务公司；2001年，美国花旗银行收购了墨西哥第二大银行墨西哥国民银行；2008年，摩根大通收购了华盛顿互惠银行，取代后者成为美国最大的储蓄银行。这些都是当时颇受瞩目的并购案例。

金融机构的大规模并购，反映了西方金融垄断资本之间的激烈竞争，以及美、日、欧对全球金融市场主导权的争夺。但更为直接的后果是导致拥有更多资本、具有更高垄断性的跨国金融集团产生，它们得以去掌握和控制更多的全球性企业。因为跨国金融集团规模庞大，其融资的资本额也巨大，不是一般的投资者能承担得起的。

对产业的投资和垄断是现代金融资本垄断性的基础和核心特征。二战之前，银行是独一无二的货币资本供给者，在整个金融体系中处于核心位置。因此，即便是工业垄断企业也仰赖垄断性银行的信贷，从而使后者取得对前者的控制地位。二战之后，情况发生了些许变化：首先，以证券交易所为中心的资本市场地位不断上升，比如在英美，资本市场是与银行信贷并驾齐驱的。像投资银行、共同基金、保险公司这样的非传统商业银行的金融机构不断崛起，大公司的融资渠道多元化了，银行的重要性在下降。其次，工业垄断企业的自有资本比以前更为雄厚，对外部资本的依赖性一度有所降低。

即便如此，从总的趋势来看，也并没有从根本上改变金融资本集团对产业的垄断和控制这种局面。跨国公司在全球的扩张，无法离开金融机构的资金支持，绝大多数跨国公司（包括巨型跨国公司和金融机构）的大股东同样是世界主要的金融集团。

洛克菲勒家族拥有世界第一大跨国石油公司埃克森-美孚石油公司、世界核能巨头之一的西屋电气公司、美国第二大航空公司美国联合航空公司等；全球最大的技术和服务公司通用电气公司（GE）、通信与电子设备巨头美国国际电话电报公司（ITT）、全球大名鼎鼎的投资银行摩根士丹利背后是摩根财团；世界第一军火生产商洛克希德·马丁公司和世界第一飞机生产商波音公司都归属于花旗银行财团；杜邦家族控股可口可乐、通用汽车公司、联合果品公司等全球知名企业；戴姆勒-奔驰公司由德意志银行控制；日本丰田公司的大股东则是樱花银行、三和银行和东海银行。

金融集团对跨国公司除了金字塔式的垂直控制，即通过母公司控股控制子公司，子公司通过股权关系再控制下一级子公司外；还有第二种方式，即通过交叉持股、分散持股、人事关系、共同投资等方式形成交互渗透的网络状控制结构。欧洲大陆国家的跨国金融集团仍然主要采取前一种投资模式，20世纪下半叶英美等国家则越来越多采用第二种投资模式。

在传统的金字塔式的股权结构中，企业第一大股东即单一股东，往往握有50%以上的大宗股票，处于绝对控股地位。而在网络状模式中，股权结构是高度分散的，第一股东可能是并列的多个股东，他们的股权比例加起来甚至不超过10%，只是相对控股。但是，这并不表示金融集团的控制力被削弱或被颠覆。

从微观的单个企业层面看，大股东股权比例大幅度下降，虽然让金融集团不会完全和直接操纵企业经营活动，但是现在，只要持有相对多一些股票的大股东就能对企业的战略产生重大影响。在某种程度上说，对企业经营行为的干预反而变得容易了，这就使得大企业和金融集团之间形成既合作又依附的新关系。从宏观的全球经济层面看，股权高度分散是因为金融集团把资金投入若干行业的若干企业中，而不像过去那样把资金集中在少数几个行业或少数几家公司。只要在不同的企业都持有稍微多数的股权，那就意味着与过去相比，同一家金融机构现在是更多企业的大股东，同一笔资本额现在能对更多的企业施加影响，从而能支配更多的资源和资产，金融集团总体的控制力反而在增强。

金融集团之间虽有相互竞争，但又彼此勾结，它们共同支配着社会经济、政治、军事、文化和意识形态；对于一国如此，对于世界资本主义来说同样如此。在网络状的投资模式中，没有哪一个财团绝对主导和控制跨国公司，跨国公司变成了几个财团的资本融合平台，由它们共同控制。即便是顶级大财团之间也是相互渗透的，这是国际垄断资本由来已久的合作形式。

有一句经典的话广为流传，用来描述二战前的美国："民主党是属于摩根家族的，共和党是属于洛克菲勒家族的，而摩根和洛克菲勒都是属于罗斯柴尔德家族的。"传说归传说，现实却不乏此类印证。1955年，洛克菲勒与库恩雷波公司控制的纽约国家城市银行与摩根财团的第一国家银行合并成立了花旗银行，花旗银行集团后来发展为美国十大财团之一。而在当前，美国第二大跨国银行摩根大通银行、西屋电气公司等许多跨国公司背后，也共同活跃着摩根财团和洛克菲勒财团的身影。

20世纪末以来，资本在更广泛的全球空间上以更快的速度自由流动，进一步促进了金融资本与产业垄断资本之间、金融集团之间的相互渗透，导致资本在少数金融集团手中进一步集中，使后者增强了对世界经济的控制和支配。

2011年，瑞士联邦理工学院的一个研究小组发表了一份名为《全球公司控制网》(*The Network of Global Corporate Control*)的研究报告。① 在这份报告中，研究者们收集了由全球3700万家公司及其投资方组成的股权结构数据，依照所有权关系和营业收入建立起一个模型，分析了43060家跨国公司和它们之间的持股关系网络，力图了解在这些跨国公司中，哪些公司通过股权网络控制了其他公司。他们发现，在4万多家跨国公司中，居于核心位置的是1318家公司。它们之间相互交叉持股，每家至少与两家公司相关联，平均下来每家公司与其他20家公司关系密切。这1318家跨国公司的经济收入只占全球经营经济收入的20%，但通过共享股权，它们几乎拥有全球经济，即全球最大规模的上市公司及制造业，并控制了60%以上的全球经济利润。

研究者们进一步拆解这张复杂的持股关系网，指出世界经济大动脉可追溯到一个由147家跨国公司构成的"超级实体"。这个"超级实体"才占全球公司数量的不到1%，却控制着全球约40%的财富份额。该"超级实体"中的成员公司之间是高度关联的，每一家公司的大部分股权都属于其他146家成员公司。大多数成员公司是金融机构，经济规模占前20位的公司是诸如英国巴克莱银行、美国资本集团公司、摩根大通银行、美林公司、瑞

---

① Compston Hugh: The Network of Global Corporate Control: Implications for Public Policy, *Business and Politics*, 2013,15(3):357-379.

士银行、德意志银行、瑞士信贷银行、高盛集团、普莱斯地产基金这样如雷贯耳的跨国金融机构。换言之，金融集团以金融交易为纽带，通过交叉持股编织起了一张所有权密集交织、超越了国家和产业界限的世界经济之网，并占据了这张网的核心位置。

如果再进一步分析这20家跨国金融机构的股权结构，会发现一个更令人惊讶的事实，即它们拥有共同的最大股东，它们基本上都隶属于少数几个金融寡头家族——罗斯柴尔德家族、洛克菲勒家族、摩根家族、高盛家族等。世界经济之网的终端，世界经济权力的金字塔之巅，仍旧是顶级财团。

五、虚拟资本与金融化：金融资本增强的食利性

经济行为有两种基本的属性：投资和投机。它们的差别在哪里呢？投资指资金投入者着重关注的是生产和交换领域的实际产出及效益，以及由此带来的产业利润的增长，他们的获利也来源于此。因而，这种投资能够支持产业的长远发展，使经济获得正向反馈。投机从倾向上说则是一种短期行为，资金投入者并不关心投入领域的生产经营状况，他们并不是要从产业发展中受益，而是只想赚快钱，尤其是通过"贱买贵卖"的价差来获利。在这种情况下，并不是生产出了新的剩余价值或利润获得增长，创造出了新的财富，社会生产水平提高，而只是

财富发生了转移——大资本家剥夺了小资本家，投机的"幸运儿"剥夺了"非幸运儿"。

任何东西，只要它被交易的价格远远超过或背离了由自身价值决定的价格，那么这个东西就是在被炒作和投机，它的价格就像吹涨起来的泡沫，虽美丽却虚幻、脆弱，随时会破裂，之后只留下公众财富蒸发、经济衰退的一地鸡毛。因此，投机利润往往损害和牺牲的是社会经济的整体和长远利益。

当然，投资和投机并不是截然分离的。投资通常掺杂着投机的成分，投机又可以以投资的形式来存在和实现。例如购买和持有企业的股票，既能够让投资者拥有股权获取股息和红利，也能够赚取股价波动的收益。在这里，股票既可以看作投资的载体，也可以看作投机的载体。当股份制以及作为财富凭证的有价证券等因素普遍化了，构成为动员、吸收、组织和分配资本及其收益的现代资本主义经济的结构性因素，投资和投机更是紧密融合在一起的。我们从历史上也能看到，生产投资的繁荣往往会带动投机的高涨。例如，19世纪中后期的欧美铁路大建设，就同时伴随着大规模铁路投机狂潮。而工业企业每一次的创业活动中，原始股的发行都会成为大投资者猛捞一笔的好时机。

金融资本积累的两面性正是包含了投资和投机的统一。投资代表着金融资本积累的生产性，投机则代表着金融资本积累的非生产性，即食利性、寄生性。诸如股票、债券之类的有价证券，本身就是虚拟资本，相比实物资产，更容易成为投机的手段和对象。而随着资本主义经济的发展，用于资本保值、套利和投机的手段也日益多样化、复杂化。出现了各种针对基础金融工具（如货币、利率、汇率、股票指数等）进行投机赌博的金融合约，又叫金融衍生品。

货币市场和证券市场充满着各种不确定性，投资总会带来风险，金融衍生品发明的初衷就是对冲这些风险。以股票期权为例，某投资者以一定价格买入一只股票，他希望给股票价格保险，以便将来股价跌了也不会损失太多。于是他又花费一定价钱购买一份合约或保证书，合约规定：在一定时间后无论股票跌到多么惨烈的程度，合约卖出方都保证，以约定好的价格购买作为合约买入方的投资者手上的股票。到了约定日后，如果股票跌了，合约买入方的损失最多也就是原初的股票买入价与卖给合约保证方之间的价差；如果股票涨了，合约买入方则没有任何义务一定要把股票卖给合约卖出方，于是他便可获取股票上涨的收益。合约买入方向合约保证方购买的就是股票期权，即股票的未来权利。这份合约则是看跌期权。如果他做空股票后不希望涨价，就反过来去购买看涨期权。

基于此，资产阶级的经济学家声称，金融衍生品的增加可以帮助人们获得多样化的投资组合，使投资更安全和更有利可图。可是，金融衍生品同样是没有任何真实价值的虚拟资本，或者说比有价证券更虚拟。因为它产生于对原初资产（纸币、有价证券等）的变动趋势的预测，是从后者中派生出来的，可以看作虚拟资本的虚拟资本。也就是说，金融衍生品已经跟生产活动和实体经济没有任何关联，其交易过程本身就带来更大的投机泡沫，反而使金融市场更加不稳定。

无论是投资还是投机，都不过是资产阶级追求自身财富和利润最大化的方式。资本投入生产，组织生产，并不是它本性热爱生产，享受劳动的创造。正如马克思说的，对于资产阶级来说，"生产过程只是为了赚钱而不可缺少的中间环节，只是为了赚钱而必须干的倒霉事"[1]。哪怕有些许可能，他都恨不得摆脱掉烦琐沉重的生产过程。"因此，一切资本主义生产方式的国家，都周期地患一种狂想病，企图不用生产过程作中介而赚到钱。"[2]这实际上指明了投机是资本主义社会的一种正常现象，以及投机周期性大规模出现的根本原因。

在商业资本主义时期，金融投机造成的泡沫事件已经层出不穷，其中最有名的有三大事件：1635—1637年的荷兰郁金香泡沫、

---

[1] 《马克思恩格斯文集》第六卷，北京：人民出版社2009年版，第67页。
[2] 《马克思恩格斯文集》第六卷，北京：人民出版社2009年版，第67—68页。

1719年左右的法国密西西比股市泡沫和1720年左右的英国南海公司泡沫。在这些事件中，无论是拼命追捧郁金香的公众，还是疯狂交易密西西比公司和南海公司股票的公众，都只想从飞速上涨的价格的买进卖出中大赚一笔。他们并不关心郁金香的培育和实际价值，也不关心密西西比公司或南海公司的运营盈利情况（事实上，这两家公司都是从政府那里骗取了垄断贸易权的皮包公司，没有任何实际的生意）。因此在所有参与交易者的共同哄抬下，交易价格高到了离谱的地步，导致在价格雪崩后投资者损失异常惨重，真正赚得盆满钵满的只有那些在股价最高时卖出股票套利的操盘手或"内部知情者"。

商业资本主义时代的这些投机事件，已经包含了现当代金融投机狂热中几乎所有的重要元素，比如交易所上市，期权交易，追涨杀跌，击鼓传花，泡沫破裂后政府官员的试图救市。这说明，金融投机乃至由此引起的金融危机，对于我们来说应该是古老而熟悉的，并非现代经济生活带来的新鲜事物。

与遥远的商业资本主义时代不同的是，当资本主义生产方式确立统治地位之后，社会生产就成为剩余价值的源泉和剩余价值积累的现实基础。对于产业资本主义时代和金融资本主义时代的金融资本来说，商业资本主义多了通过投资产业发展来攫取利润，继而实现自我增殖的最重要渠道。

产业利润率不断上升，致使其投资者（尤其是大股东）的回报——股息和红利超过了他交易股票的所得，那么他便安然维持甚至扩大股票的持有范围。但是，当产业发展遇到障碍，利润率下降，利润空间萎缩，产业投资变得无利可图时，相关企业股票就会被大量抛售。货币资本从生产领域和商业领域大规模撤出来，转向通过纯粹"以钱生钱"的交易游戏（包括进行虚拟资本和金融衍生品的买卖）来实现货币资本的保值和增殖。

这种跟产业投资需求不相干的金融市场繁荣，实质是有价证券等虚拟资本的自我循环和投机交易的膨胀，表明金融资本从生产性积累转向了非生产性积累。只有等到产业利润恢复增长或出现了增长的预期，投资者能从中获得相对满意的回报，金融资本才有可能会再度转向生产性积累。

金融资本的两种积累方式的转化关系表明，在当代资本主义中，金融投机、虚拟资本的自循环（如商业资本主义时代一样）并非脱离社会生产独立发生的个别现象，而是与实体经济和产业发展紧密相关的，是后者不能良性循环的结果。产业危机和产业衰退是周期性的现象，也决定了作为其伴生物的金融投机和金融危机会周期性出现。

但是，20世纪70年代以来，金融资本的非生产性积累逐渐演变成为一种长期性的趋势。具体地说就是，金融部门（金融业）对社会生产的促进作用越来越弱；相反，它们越来越多地通过虚拟资本（包括金融衍生品）、债务和所有权来压榨掠夺企业、居民和国家，这使金融部门相对于物质生产和交换部门过度膨胀，成为经济发展的主导因素。因此很多人把相关现象称为"经济的金融化"。"金融化"最早在西方发达国家出现，从整体上看，金融化主要表现在以下几个方面：

1.在半个世纪的时间里，金融衍生品开发和虚拟资本交易不断膨胀，已过度泛滥

金融衍生品滥觞自美国1971年将美元与黄金脱钩。二战结束后，国际货币体系将美元作为世界通用货币，美元与黄金挂钩，各国货币又与美元挂钩。通过黄金这个最终锚定物，固定汇率，稳定价格，有利于国际贸易和产业的长周期发展。但是美元与黄金脱钩后，实体经济与货币经济之间就失去了保持平衡的支点。各国货币汇率浮动，美元对其他主要货币的价格剧烈波动，物质生产和国际贸易在各国、各个时间点的不确定性呈几何级数增长，货币、股票、债券和期货市场陷入一片混乱。人们对期货，尤其是外汇期货和利率变动的套期保值需求大幅度上升。用于规避和分散金融风险的大规模金融工具就此应运而生。

1980—2013年，在全球金融市场流动的金融资产已经从全球GDP的109%膨胀到了350%。其中，1986—1996年，全球金

融衍生品交易价值量年均增长速度为40%，远远高出同期世界GDP的平均增长速度，尤其是2003—2005年，全球金融衍生品交易价值量两年时间内更是增长了75%。[1]截至2011年6月末，国际金融衍生品市场规模已达790.4万亿美元。全球金融资产中有80%是金融衍生品，金融债券和货币分别只占10%。而全球参与交易的资本中，金融衍生品也占了绝大部分，2009年金融衍生品交易额竟占到全球金融交易总额的82%，为世界GDP的1048%。[2]这说明，全球投资者越来越热衷于投资金融衍生品等虚拟资本，并且从高杠杆化中获取了高额利润。经济的发展呈现出更浓厚的投机色彩，以致有人将始于20世纪下半叶的资本主义经济称为"投机赌博新经济"。

2.债务成为资本主义经济的最强驱动力

在资本主义早期，资本主义生产的驱动力是随着地理大发现和殖民活动扩展的世界市场和消费力。而20世纪初以来，包括汽车、家用电器在内的耐用消费品市场在西方的产生和发展，促进了战后经济的复苏和繁荣。但是从20世纪70年代开始，西方资本主义国家普遍陷入经济停滞和通货膨胀，社会生产持续低迷，大

---

① 王小强：《投机赌博新经济》，中国香港：大风出版社2007年版，第29页。

② 张幼文等：《金融危机后的世界经济：重大主题与发展趋势》，北京：人民出版社2011年版，第68、178页。

量无利可图的货币资本从实体经济和生产领域中抽取出来，进入了金融领域。这样造成的结果是，一方面虚拟资本的创造和交易过剩，另一方面产业资本家和工薪阶层所能支配的资金大为减少，迫于维持生产和消费所需，不得不增加负债。政府的经济政策导向和金融市场的迅速扩张，也鼓励并支撑了企业负债融资和居民借贷消费。

而从政府的层面来看，经济不景气，企业利润和居民收入下降，同时为鼓励投资实行减税措施，这些都大大缩减了财政收入。然而，为了缓解社会矛盾不得不维持社会福利和必要的公共开支，同时还要为提振经济而刺激社会需求，这些举措都在迫使政府不断扩张信用，增加负债。当前，赤字财政乃至政府破产已经成为许多国家的"常态"。这样，居民个人、企业、政府的信用消费承托了当代资本主义的过剩生产，金融机构则以利息、资本收益和其他金融收费（佣金）的形式从中攫取了大量的财富。

最近30年来，房地产抵押贷款成了借贷消费驱动型经济的核心。对于有一定积蓄的中产阶级而言，储蓄在飞涨的物价面前加速贬值，门类繁多的金融产品潜藏一定的风险，住房便取而代之成为抵御通货膨胀的最重要手段。这种需求在银行的廉价信贷推动下，大大刺激了房地产市场的扩张。住房价格不断上涨，也带动了诸如钢铁、建材、通信设备等相关产业的发展；反过来进一步刺激投资和资本市场的投机，同时支持了企业和居民以不动产作为抵押进行的债务融资和借贷消费。

抵押贷款则使金融机构加大对企业利润和居民收入的掠夺。一方面，银行通过制造不动产价格泡沫，吸引更多的人进入市场，从而将个人收入和企业利润中越来越大的一部分转化为能给银行带来利息的借贷资本，反复抵押贷款融资则导致债务累积，相应地产生利滚利。而一旦资产价格下跌，借款人却不得不继续承受高额债务，很大概率由于还不起债而被银行没收抵押资产。另一方面，银行把抵押贷款看作能够带来利息的资产，将其证券化，向个人、非金融机构、政府、机构投资者等不同投资主体兜售，并从发行、销售抵押贷款债券中获取不菲的佣金，购买债券的投资者则从资产价格上涨中受益。这便是20世纪70年代之后主要在美国发生的情况。作为最典型的金融资本主义，美国经济逐渐转向了基于债务证券化的赌博套利经济。

3. 产业部门利润向金融部门大规模转移

表现为产业部门向金融部门借债的利息负担加重，流向金融部门的净利息支出不断增加。同样以美国为例，产业部门的负债规模从20世纪60年代就开始扩大，相应地产业企业税后利润中，作为利息支出流出本部门的份额也开始上升，20世纪70年代以来企业负债融资（包括靠发行垃圾证券进行的恶意并购行为）增多，又加剧了企业债务负担。

另一方面，1979年，美国的实际利率开始大幅度提高，在整个20世纪80年代一直高于二战结束后前30年实际利率的2至3倍，直到全球金融危机爆发后的2008年左右才回落到20世纪50年代的最低水平。高利率进一步强化了产业企业利息支出流向金融部门的趋势。因此，产业部门的利息负担从20世纪70年代以来不断上升。企业利息支出占税后利润份额从1966年的11%左右到1970年骤然上升至近34%，此后直至2008年一直维持在不低于20%的高位，其中1980年、1990年和2002年更是达到45%的峰值。①

债务经济发展和企业利息支出增长的另一面，就是金融部门利润相比产业部门利润的全面增长。包括金融、保险、房地产和租赁在内的广义金融业的利润占全部行业总利润的比重在1960年为17.3%，到1985年上升为20.8%。在整个20世纪90年代，金融业的利润在全部行业总利润的占比为25%—35%，超过了战后历史占比的最高水平，2001年则迅速增长至41.3%，2003年更是达到了43.8%的最高点。此后几年虽然受美国利率上调影响，金融业利润占比不断下降，甚至在2007年降到26.6%的低点，但基

---

① ［美］埃尔多干·巴基尔、艾尔·坎贝尔：《新自由主义、利润率和积累率》，陈人江、许建康译，《国外理论动态》2011年第2期。

本低于制造业利润的下降幅度，2008—2009年又开始有所回升，2010年为35.4%。

尽管在20世纪90年代至2000年，西方国家的产业利润率出现了长期增长，但产业部门的大部分利润却被金融部门攫取，产业所掌握的现金流相对萎缩，反过来导致后期产业投资率下降，整个社会轻生产重食利的趋向非常明显。

4.在投机食利的理念影响下，企业的运行也越来越具有短期化效应

在传统的经济理论中，企业被看作生产和经营的组织载体，对于投资者和经营者来说，它的功能也在于产出利润。但是现在，在投资者眼中，企业不再仅仅是一个完整的产出单位了，不再被视为一个固定和稳定的统一体了，而是由可拆分的各个部分组成的集合体。每个部分都是一份可以买卖的资产，例如土地、厂房、办公楼、机器设备、部门，乃至项目、股权、雇员。

对于投资和收购企业的机构投资者来说，企业资产越流动和越容易变卖越好。他们要求企业对资产进行拆分和重组，剥离"不良资产"，以此抬高股价，或低价收购企业及公共部门资产，并在资产价格泡沫膨胀的推动下，通过变卖资产来获取高额盈利。企业股价在短期内上涨高扬，是他们最期望见到的投资绩效。

在普遍追求短期资本收益的融资压力下，企业被迫不再致力

于长期稳定的发展目标。企业经理人不是强调价值产出，而是奉行"股东利益至上"，强调要以高股价和高股息来满足股东（主要是大股东）的价值攫取。这种企业治理模式自20世纪70年代兴起，逐渐发展为21世纪初最有影响力的治理标准，在欧美国家尤为盛行。那些采用了该治理模式的美国知名大企业，如安然、环球电讯、富士施乐、朗讯，相当于把自己变成了华尔街金融资本集团的奴仆，拼命完成对金融集团的上贡，却导致了巨大的经营失败。

在自身收益下降和金融集团收益持续上升的挑战下，产业企业做出的反应同样是将越来越多的资金从生产和贸易活动中抽出，投资于金融领域，持有和交易金融资产，因而企业内部也日益金融化了。这进一步加剧金融资本的投机性和食利性，并使金融机构对产业企业的投资和资产管理的控制增强。

金融化并不仅仅局限于美国等发达资本主义国家，在一些发展中国家同样能观察到类似的问题存在。例如，借贷消费已经成为全球大多数国家（包括发展中国家在内的）的潮流；住房金融化、房地产价格泡沫同样是中国、巴西、土耳其等新兴市场国家在最近20年中的共同特征；追求短期资本效益的企业价值取向照样波及了发展中国家。这说明金融化不是出现于一时一国的偶然现象，而是世界资本主义发展到一定阶段的普遍现象。单纯就以上的任何一个表征而言，我们并不能肯定地说它就会如此一直延续下去。但是，金融资本主义的食利性增强趋势是不可逆转的，它将不断以不同的指标印证列宁的断言：资本主义的发展以大规模的高利贷资本结束。

本章小结

应该避免片面、简单地理解自由竞争和垄断在历史上的发展变化，包括它们之间的关系。垄断和自由竞争并不是完全对立的，二者的发展阶段则与技术—产业革命有一定的内在联系。这提示我们，要了解资本主义就不能不注重对技术—产业革命的考察。

在当代资本主义中，跨国公司成了垄断资本的国际组织形式，而金融集团通过控制跨国公司支配着世界经济，榨取更丰厚的垄断利润。再加上金融资本越来越偏重于通过虚拟资本投机、债务等方式进行非生产性积累，使得20世纪末发达国家金融投机压过了工业生产，整个资本主义经济呈现出日益浓厚的食利色彩。这也证明列宁的论断并没有过时，即资本主义的最高阶段是寄生和腐朽的。

第三章

增长中复辟

——当代资本主义的变化调整

关于资本主义经济变化的探讨已经在一定程度上透露，当代资本主义在20世纪70年代之前和之后的发展是有所不同的。大致以1973年为界，可以划分出当代资本主义的两个阶段。主要原因在于，二战结束后，资本主义世界重新迎来经济的腾飞，且时间较长，持续了20年左右。1948—1971年经济增长的程度大大超过了以往的年代，在19世纪中期以来的资本主义100多年发展史上也是异乎寻常的。因此，这段历史时期被普遍称作资本主义发展的"黄金时代"。但是，1973年爆发了第一次世界性的石油危机，即石油价格暴涨引发的全球经济危机，同时也是战后最为严重的经济危机。石油危机之后，西方发达国家普遍出现了经济停滞、高失业率和通货膨胀同时并存这一前所未有的局面，这种现象俗称"滞胀"。资本主义"黄金时代"就此终结。

"黄金时代"的结束带来了一系列的危机，从而使西方资本主义不仅在经济方面，也在社会形态的其他方面出现了新的变化。为了应对危机，此后西方各国开始不断进行变革和调整（具体到各个国家，变革的时间点又不一样）。这样，当代资本主义自20世纪70年代中后期开始，在经济、政治、社会意识形态乃至全球体系方面逐渐呈现出了不同于战后前30年的特点。

一、重回斯密：国家治理机制蜕化

资本主义的国家治理机制最充分反映了代表资产阶级意志的国家机器实行和维护阶级统治的具体运作方式。国家治理机制首先体现为一定的价值理念，它是政府施政的依据和要达至的政治理想；其次，它涵盖政府施政的一系列方法和手段，国家机器运转的主体和执行者是政府。

关于国家和政府在经济中的作用，英国古典政治经济学家亚当·斯密和大卫·李嘉图认为，市场存在"看不见的手"，能够通过供求和价格机制自动调节经济，使之趋于和谐和均衡，几乎不需要或很少需要国家的介入。因此，国家只要充当为市场自由和充分竞争创造良好外部条件的"守夜人"即可，而不能对市场经济横加干涉。由他们两人奠定的这种自由主义经济学说在19世纪乃至20世纪早期，一直占据着资产阶级经济思想的主流舞台，尽管在现实的资本主义国家经济发展过程中，它很少得到真正的落实。甚至在英国和美国之外的主要资本主义国家，比如德国、法国、俄国以及南欧国家，无论从思想理念还是实践上，自由主义经济远非那么受到推崇。

1929—1933年，资本主义世界爆发了最为严重的经济危机。在美国，罗斯福总统1933年上台执政后，为了应对长期的经济衰退，抛弃了往届政府的经济自由放任路线，开始实施一系列国家加强对经济干预的措施，史称"罗斯福新政"。

几乎在同一时间段内，英国经济学家梅纳德·凯恩斯从理论上全面论证了国家干预经济的必要性。他指出，市场无法自动达到和谐和均衡，因为商品的供给是稳定的，而需求的变化却有很大的不确定性，这就导致社会的总需求常常小于总供给，这叫有效需求不足。为了解决有效需求不足，减少失业，摆脱经济萧条，只有依靠"看得见的手"，即政府对经济进行全面干预。凯恩斯主张，政府应增加支出，增加货币供应量，例如扩大对公共工程的投资，来刺激国民经济活动，弥补私人投资的不足；同时，政府要通过收入分配政策来刺激有效需求，增加国民收入，实现充分就业。凯恩斯的国家干预主张被称为"凯恩斯主义"，"凯恩斯主义"也是20世纪国家干预主义的代名词。

国家干预主义者强调国家和政府对社会经济发展负有重要职责，坚持对不受约束的市场进行管制。事实上，在一战和二战中，各参战的主要资本主义国家的"战时经济"已经有了较为浓厚的国家干预色彩。二战后，为了尽快从战争废墟上恢复和重建国民经济，西方各国政府更是普遍秉持凯恩斯主义的理念，加强了对经济的调控。这与同时期产生的社会主义国家阵营所奉行的，同样也是由国家主导的经济赶超战略及"中央计划经济"相映成趣。也就是说，在发展经济及促进社会生活进步方面，战后资本主义与社会主义都偏好国家和政府的力量，这形成了二者之间一个奇异的共同点。

二战后，西方国家一般通过以下几种途径来实行国家干预主义。首先，在公共事业部门、关键生产部门及新兴工业部门建立一定比例的国有企业，使之成为国家干预经济的基础和有力的宏观调控工具。其次，采用扩张性的经济政策，实行赤字财政政策和膨胀性货币政策，扩大政府开支，降低利率，管制工资，改善结构性失业，从而刺激经济，维持繁荣。第三，建立福利国家。西方各国通过把社会福利和社会服务普遍化、法律化，将福利制度变成基本的国家制度，不同程度地建立了一整套从摇篮到坟墓的福利保障体系。福利国家主张，由政府出面提供个人及家庭收入相应的最低收入保障，政府帮助个人和家庭抵御社会风险，政府保证国民享有尽可能好的社会服务。

毫无疑问，凯恩斯国家干预主义并不能从根本上改变资本主义的属性，它只是对资本主义的改良。以国家干预主义为导向的国家治理机制，其首要价值目标是社会公正和平等。当然，这也来自战后诞生的社会主义国家阵营争夺全球意识形态主导权的压力和挑战。凯恩斯主义积极运用国家的力量，对野蛮扩张的资本主义市场经济进行约束和管制，通过一定的经济民主化机制和福利国家制度，扶植中小产业资本的发展，较大程度上改善劳工和普通群众的权益和地位，也就相对削弱了金融资本、垄断资本的大资本权力，具有历史进步意义。而战后初期资本主义的经济繁荣，则是支撑凯恩斯主义扩张性财政，使国家干预得以顺利推行的关键性原因。

但是1973年后，经济危机和全面滞胀阶段的到来，却深深动摇了凯恩斯主义的地位。无论是危机的起因还是对危机的处理，都引发了强烈的质疑。关于滞胀产生的原因，人们说法不一。有人将其归咎于石油价格上涨，也有很多人认为这是国家全面干预经济生活的必然后果。在批评者看来，实行凯恩斯主义的政府以赤字财政不断扩大开支，本身就容易造成货币滥发。在经济危机的情况下，如果继续采用这一办法来刺激需求，则会加剧通货膨胀，推动物价上涨；而如果为了抑制通货膨胀和控制物价上涨，实行紧缩政策，压缩政府支出，又会降低经济发展速度，增加失业人口，甚至引发新的经济危机。由此，凯恩斯主义在应对滞胀问题上陷入了两难的困境。

凯恩斯主义的束手无措还招致其他经济学派对它群起而攻

之。后者主要是一些持相反主张的学派，比如货币学派、供给学派、理性预期学派、新制度学派。尽管这些经济学派批驳凯恩斯主义和提供替代性药方的角度各异，但他们都认为，国家干预主义的经济政策被证明是错误的，为了治理滞胀，应该重新回到亚当·斯密的经济自由主义立场上来。这些反凯恩斯国家干预主义的经济学说被统称为"新自由主义"经济学，以示它们对斯密等人的"旧"自由主义经济学传统的回归和继承。

在凯恩斯主义逐渐失灵之际，新自由主义流行了起来，很快就成为西方各国政府进行经济改革的指导思想。最具代表性的事件如下：1979年，英国保守党首相撒切尔夫人上台，一改先前各党派对凯恩斯主义的崇拜，转而信奉保守主义经济学家哈耶克领衔的伦敦学派的基本理念，并制定了一套围绕着向国有企业开刀和向工会开刀来复兴英国经济的政策；1980年底，美国共和党人罗纳德·里根出任总统后，以货币学派和供给学派的理论为主要依据，抛出了以减税为核心的新自由主义大杂烩的经济改革方案，即所谓的"里根经济学"。

撒切尔夫人和里根的新自由主义改革，将新自由主义重新拱上了资产阶级主流经济学的宝座，也标志着凯恩斯主义的正式终结。在其影响下，西方资本主义国家在20世纪80年代掀起了私有化的浪潮，国家治理机制相应地由国家干预主义模式转变为新自由主义模式。

新自由主义的基本原则理所当然是凯恩斯主义的对立面，即它反对政府对经济的过多干预，主张让市场来解决问题。从哲学理念上说，新自由主义和古典自由主义一样，都相信只有在经济上自由，才能保障人们的政治自由。而这一经济自由，又指的是人们获取财富和财产的自由。毕竟，孟子也讲过，"有恒产者有恒心"。由此新自由主义强调，要保护私人财产权。

执行新自由主义路线的政府，其首要价值目标是效率，而非公正和平等。因此，它的治理方式集中表现为国家为节省开支，从公共领域（包括经济组织和社会生活领域）大面积撤退，以提高经济组织效率和刺激经济活力为名，将它们尽可能地交给市场力量（也即资本力量）来运作和管理，俗称"甩包袱"。像美国里根改革的20世纪80年代中期，政府竟然开始将监狱外包给私人公司来运营和管理，为监狱私有化大开方便之门，结果是私营监狱运营商逐渐在全国范围内影响刑事政策及相关立法。

此外，政府还大力压缩社会福利等公共开支，降低福利保障水平。国家将孤零零原子式的个人抛到市场上，却对他们的命运漠不关心，任其被残酷的生存竞争驱赶、裹挟，甚至毁灭。国家从经济和政治上压制有组织的反市场力量（包括工会和其他进步组织），亲资本，远劳工，或亲大资本，远中小资本，使二战后社会进步运动在争取经济民主化方面的成果几乎丧失殆尽。

新自由主义的治理机制能否切实有效地推动经济的长期繁荣，还有待宏观经济数据和长时段历史数据来验证，但它导致政治和社会发展方面的退步却是确凿无疑的。

新自由主义的政策方案一般有如下几点内容：

一是推崇私有经济。包括将国有企业和公共资产大规模出售给私人；减少政府对企业的各种管制，降低税率，为私人经济松绑，以鼓励私人投资。

二是实行价格市场化、利率市场化政策，一切交由市场竞争来定价。政府不仅不再干预劳动力市场，而且还降低对收入分配的干预力度，减少各种价格补贴，减少公共开支。

三是开放市场，实行经济自由化政策，包括贸易自由化、资本准入和外国投资自由化。

新自由主义不仅在西方国家取得思想、政治和经济上的主导地位，而且还伴随着20世纪末以来的经济全球化潮流向世界各地蔓延。其关于市场自由、资本自由的政策主张，不仅迎合了金融资本、垄断资本扩张的要求，也适应了经济全球化的要求。

一方面，二战后依靠国有化、中央集权的计划化来加速资本积累的社会主义国家，以及许多实施进口替代战略，即通过贸易保护主义促进本国工业品生产，以替代进口工业品来实现工业化的发展中国家（比如拉美国家），在20世纪70年代之后的经济运行中也暴露出各种问题和矛盾，经济发展裹足不前。与之形成鲜明对照的，却是那些实行出口导向战略、市场开放度高的发展中国家（比如部分东亚和东南亚国家），在20世纪七八十年代开始实现经济腾飞。这种情况造成新自由主义经济理论在社会主义国家和发展中国家的影响力日益增强。

另一方面，英美作为新自由主义的发端地和思想重镇，一直有意识地、不遗余力地在全球大力传播新自由主义。1990年，由美国国际经济研究所牵头，国际货币基金组织、世界银行、美国财政部与拉美国家在华盛顿召开了一次研讨会，旨在为陷入债务危机的拉美国家提供经济改革的方针与对策。会议根据20世纪80年代以来拉美的改革经验，提出了关于减少政府干预，促进贸易自由化和金融自由化的十点政策措施，史称"华盛顿共识"。"华盛顿共识"从根本上说是由美国政府及其所控制的国际经济组织制定的。自此，美国以"华盛顿共识"为基础向世界其他国家和地区推销新自由主义的改革方案，包括苏联解体后俄罗斯的"休克疗法"、拉美20世纪90年代的经济改革等。

可以说，经由20世纪下半叶的一系列政治经济改革，以及国际政治经济形势的重大变化，新自由主义已经由经济理论向政治意识形态、国家治理范式嬗变。世界资本主义的大多数国家告别了凯恩斯主义治理的时代，进入了新自由主义治理的时代。

二、"橄榄"变"金字塔"：旧社会结构复归

1951年，美国社会学家赖特·米尔斯提出了"中产阶级"（Middle Class，又可翻译成"中等收入阶层"）的概念，用来指称那些随着20世纪工业社会的快速发展，日益增多的专业技术人员、经理阶层、市场营销人员、学校教师，以及包括政府机构中级行政官员在内的办公室工作人员。米尔斯将这一群体称为"白领"，因为他们一般从事比体力劳动看上去体面的脑力劳动，收入相对稳定甚至不乏丰厚，但多数并没有自己独立经营的财产，只是作为高级雇员为拥有大资本的人工作。今天经常谈论的"橄榄型社会"就与这个"中产阶级"密切相关。

一个社会如果中产阶级占主体，超高收入者和低收入及赤贫者所占比重都不大，收入分配格局呈现出"中间大，两头小"的"橄榄型"结构，那么这个社会通常被看作较为稳定、平等和真正现代化的社会。建立"橄榄型社会"是许多追求自由民主的知识分子和小资产阶级的社会理想，因为资本主义从最初的发展直至19世纪的普遍工业化进程中，一直伴随着包括贫富悬殊在内的社会高度不平等。

在资本主义社会发展的早期和中期，资产阶级对无产阶级的剥削和压榨是非常残酷的。工人被强制过度劳动，工资低廉，缺衣少食，生活贫困，难以温饱，居住条件恶劣，疾病缠身。1851年的英国，作为当时工业革命中经济最发达的国家，占总人口42.9%的人在工厂工作，其中还有不少是工资比成年男工还低的女工和童工。工人们每天需要工作16至18小时，每周的平均工资大约只有10先令，只够买约20块面包，这是勉强够自己一人的口粮。与此同时，全国只有三分之一的人能充分就业，三分之一的人部分就业，三分之一的人全年失业。大工业促进了生产力的快速发展，推动了城市化，使资产阶级和贵族获得了巨大的财富和权力，却使工人阶级陷入悲惨的境地，还带来了大量的失业、流民问题。

资本的残酷剥削及由此造成的严重的贫富分化，激起了工人阶级的不满和反抗。在大工业的狂飙突进中，无产阶级和资产阶级之间也产生了激烈的阶级对立和阶级斗争，有些阶级斗争甚至发展成为国内战争。19世纪早中期以来，工人阶级持续的反抗和斗争，不断动摇资产阶级的统治，迫使资产阶级国家在一定程度上妥协，采取局部改良措施，对收入分配格局进行调整，逐步提高工人的工资，以缩小社会财富鸿沟，安抚公众的不满情绪，缓和阶级矛盾。

1883—1889年，德国的俾斯麦政府在镇压社会主义政党——社会民主党的革命活动的同时，制定了一套社会保障制度方案，建立起了世界上最早的工人养老金、健康和医疗保险制度。社会保障制度具有为工人阶级和全体劳动者"兜底"的功能，它使社会贫富差距保持在一定区间内，不致超出极端限度。1909年，英国颁布了最低工资法，对所有工人的工资标准、工作条件和生活环境作出统一明确规定，并强制要求雇主实行，从而在一定程度上改善工人阶级的收入分配状况。

尽管如此，19世纪末至20世纪早期的改良主义只是基本维持了西方资本主义社会的大体稳定，它使中等收入阶层人数有所增加，甚至出现了由高工资的熟练工人构成的"工人贵族"。但低收入阶层占社会大多数，富人占少数的收入分配格局并没有得到根本改变，由此形成了一个从底部到顶端人数不断减少的"金字塔型"财富等级结构。在这种情况下，社会矛盾和阶级冲突并没有平息，社会动乱乃至武装斗争仍然时有发生，这表明"金字塔型"社会同样是一个严重不平等的社会。

第二次世界大战后，在东方社会主义革命道路及风起云涌的亚非拉民族解放运动的影响下，西方工人运动的组织性增强，斗争势头高涨，他们争取工资待遇改善的议价能力提高，使资产阶级在"分蛋糕"时做出了更多的让步。与此同时，国民经济迅速复苏，工业生产欣欣向荣，人民收入和生活水平得以普遍提高。新一轮技术革命兴起，促进了产业结构的调整和升级，对知识和技能提出了更高的要求，服务业以超过农业和工业的速度在崛起，而社会分工进一步细化，也带来了新的就业岗位，其中一大部分是脑力劳动岗位。赖特·米尔斯的"中产阶级"概念就是诞生于这样的时代背景之下。

当然，中产阶级群体的不断扩大，从而"橄榄型"社会的出现，也是西方国家的政府加大对社会收入分配结构进行干预的结果。例如，凯恩斯主义建立了一整套较为完善的社会福利制度，同时对富人征收高额的累进个人所得税。这些有力措施保障了中下阶层的基本权益，缩小了西方社会的贫富差距。其中，丹麦、瑞典、挪威、冰岛、芬兰这五个北欧国家建立了世界上最完备的"从摇篮到坟墓"的社会福利制度，贫富差距最小，社会公平感也最强，成了令许多人艳羡的福利国家榜样。这同样得益于战后在这些国家长期执政的社会民主党对凯恩斯主义左翼政治纲领的实施。由于这一点，北欧国家被许多人看作另一种社会主义模式，美其名曰"民主的社会主义"，常用来与苏联和东欧的社会主义模式作比较，并令人心向往之。但人们很快会看到，这种认识包含着多么深的误解。

总而言之，正是在国际国内一系列政治经济因素的综合作用下，西方资本主义国家的收入分配结构出现了从"金字塔型"向"橄榄型"的转变。战后直到20世纪70年代初，是西方社会贫富差距不断缩小，同时也是社会平等程度最高的历史时期。

然而如前所述，20世纪七八十年代的经济形势变化和经济社会改革，重塑了20世纪下半叶的资本主义面貌，同样也包括它逆转了西方国家"橄榄型社会"的发展进程。统计数据显示，20世纪70年代末至80年代初以来，在许多国家普遍出现了收入不平等现象扩大的趋势。这显然与凯恩斯主义的终结具有密切联系。

在新自由主义影响下，政府通常热衷于削减社会福利和保障开支，减少失业补贴金，从而减少了对收入分配的调节。例如，里根上台后，1981—1983年的短短几年内，美国政府就把联邦福利计划削减了40%，年收入低于1万美元的家庭普遍受到影响，而这些家庭占美国家庭户数总数的23%。撒切尔政府时期的英国，1982年的福利开支只有20世纪70年代的33%，下降了67%。而同一时期的法国，也削减了12亿法郎的福利开支和20亿法郎的失业基金，减少对200万失业工人的津贴。①

新自由主义的政府还热衷于将社会公共事业部门，如医疗保健、教育、住房等市场化。市场化或私有化以后的公共部门逐利

---

① 王启云：《发达资本主义国家为何要削减社会福利》，《湘潭大学社会科学学报》1984年第1期。

倾向增强，其利润负担全部转嫁到普通民众身上，致使民众的生活成本大幅度上升。在这种情况下，我们通常所说的名义工资较高的"白领"阶层，假设在缴纳同样的个人所得税之后，却被迫在满足个人和家庭的生存和发展需要上支出更多的费用，导致剩余可支配收入几乎所剩无几，甚至为此背上了日益沉重的债务负担，那么与三四十年前相比，这一群体是否还有资格称作中等收入的"中产阶级"？

可以说，最近30多年来，西方发达资本主义国家的社会福利水平已远非我们想象的那样。但是，这些国家福利制度危机的根源，同样可以追溯到20世纪70年代以来资本的跨国流动不断增强，从而新一轮"经济全球化"潮流的产生。跨国公司的灵活投资削弱了民族国家的政府对资本的约束和管制，毕竟如果一国的征税水平过高，那么资本完全可以转移到制度和税收更为宽松的地区。这反过来又影响了一国的税收制度。那些渴望吸引全球投资的政府可能会考虑对资本实行充分的优惠政策，包括进一步降低资本的税率，甚至实行零税率，哪怕就此会影响到政府的财政收入以及公共支出。

这种资本流失与财税来源流失之间的矛盾不仅困扰着资本主义领先国家的政府，也困扰着主要以高税收支撑高福利的北欧国家政府，迫使后者在经历20世纪90年代的经济危机之后，同样做出了程度不一的降低税收水平、削减社会福利的改革。

跨国投资还导致了各国劳动力之间激烈的工资竞争。资本能在全球范围流动，劳动力的流动却无法那么自由。即便是在经济全球化条件下，也是资本来寻找劳工，而不是劳工去搜寻和迎就资本。低工资，毫无疑问是吸引外来投资的一大因素，这在劳动力人口庞大从而导致人工颇为低廉的国家，被称为"人口红利"。发达国家的跨国资本对那些低劳动力成本的发展中国家趋之若鹜，跨国公司为此大量向后者转移生产和投资。发达国家本国的劳动者却要么因为工作岗位减少而失业，要么为留住投资和就业机会而不得不忍受工资的削减。

如果是由信息技术革命推动的全球化（例如，目前非常普遍的信息服务产业的"外包"），以及人工智能对人的劳动越来越多的替代，那么这一后果更是波及了从蓝领工人到白领工人的广泛收入分配范围。

以美国为例，2005年工人每小时的实际工资比32年前的1973年的实际工资低9%；按购买力计算，2004年联邦政府规定的5.15美元每小时的最低工资则比1976年少了近25%。[1]从20世纪70年代末到2007年，美国制造业的生产率以3.26%的年增

---

[1]　Michael D. Yates: A Statistical Portrait of the U.S. Working Class, *Monthly Review*, 2005,56(11):12.

长率继续提高的同时，工人的实际工资不仅停止上涨，甚至以 −0.37%的速度下降[1]，两者之间的缺口有显著扩大的趋势。

1980—2013年，美国顶层1%人群的年工资增长了约138%，底层90%人群的年工资仅增长了15%。更糟糕的是，从1979—2012年，中等收入岗位从60%下降至46%。[2]这意味着，不仅在岗工资下降，连常规工资的工作岗位占比也在不断减少。其他西方国家这一趋势同样明显。

鼓励并推动经济自由化、资本自由化的新自由主义时代，还有一个非常严重的后果，那就是金融投资逐渐取代生产性投资，成为财富增长的主要来源。通俗地讲，即以钱生出的钱比以组织生产和以劳动获得的钱更多、增长得更快。2014年，法国经济学者托马斯·皮凯蒂写了一本风靡全球的书，叫《21世纪资本论》，用经济数据证明了在最近几十年时间里发生的这种财富分化效应。他声称，我们正倒退回"世袭资本主义"的年代。在这样的制度下，经济的制高点不仅由"财富"（即金融资本）决定，还由继承的"财富"决定。因为（金融）资本的回报率高过了经济增长率，

---

[1]　Stephen Resnick and Richard Wolff: The Economic Crisis: A Marxian Interpretation, *Rethinking Marxism*, 2010,22(2):170-186.

[2]　［美］劳拉·泰森、迈克尔·斯宾塞：《技术对收入与财富不平等的影响》，载希瑟·布西、布拉德福德·德龙、马歇尔·斯坦鲍姆编著《皮凯蒂之后：不平等研究的新议程》，余江、高德胜译，北京：中信出版社2022年版，第183—184页。

使得出身于富裕家庭拥有资产比自身努力更重要。换而言之，金融杠杆的乘数效应使得富人容易更富，穷人容易更穷，从而极大地拉开了收入差距，社会财富日益集中在少数人的手里。

因而，姑且不谈一直陷于财富两极分化泥淖的广大资本主义发展中国家，与战后"黄金时代"相比，今天资本主义发达国家的社会结构同样变得更加不平等。收入最高的1%人群的财富集中度更高，中等收入水平的人数占比更少，而低收入人群的规模不断扩大，这其中也包括了从中等收入阶层跌入低收入阶层的人数在增多。主流媒体上所津津乐道的西方"橄榄型"社会实际上在逐渐消失，被"金字塔型"社会结构重新取代。

三、从缓和到失衡：社会冲突风云再起

矛盾和冲突贯穿着人类社会发展的历史过程，每一个社会都不同程度地存在着社会不同群体之间的矛盾和冲突。社会冲突是由人们社会利益方面的差异，以及围绕着这些利益的分配矛盾引起的外部行为。社会利益包括权利、资源和地位，同时，社会群体的利益、需求差异和矛盾也常常反映为他们在信仰和价值观念上的对立。社会矛盾多种多样，既有邻里之间、社团之间的矛盾，也有利益集团之间、统治阶级与被统治阶级之间的矛盾。

社会冲突也有不同的表现形式，既有经济冲突、政治冲突，又

有文化、意识形态上的冲突；既有根本利益一致基础上由于具体利益差异而出现的非对抗性冲突，也有基于完全不同的相互排斥的利益而产生的对抗性冲突。阶级斗争则是社会冲突最高层次的体现。社会冲突越频繁，越剧烈，表明社会矛盾越大，反之则反。

社会（财富）结构和社会冲突之间是相互作用的。社会结构的不平等，容易引起社会冲突，而社会冲突的爆发，反过来会导致社会结构的变化和调整。如前所述，资本主义早中期，严重不平等的"金字塔型"社会结构促发了资本主义社会内部的阶级矛盾和阶级冲突，社会各阶层之间的矛盾十分尖锐，国际工人运动和共产主义运动风起云涌，阶级斗争处在较为激烈的状态。

19世纪末至20世纪上半叶，劳资矛盾的焦点依然如故，但冲突的激烈程度和表现方式有所变化。除了传统的对抗性斗争方式外，经过谈判—罢工—再谈判的反复较量，劳方通过工会与资方集体谈判雇佣条件，谈判结果具有法律约束力的集体谈判制度在西方国家得到了初步的确认，成为平息和解决劳资冲突的途径之一。这也是西方工人运动长期斗争所取得的重要成果之一。

在这一历史时期，人类社会经历了两次世界大战和史上最严重的经济危机。战争、危机、革命，以及苏联作为世界上第一个社会主义国家诞生，极大地影响了资本主义各国的劳资关系。面对巨大的方方面面的社会压力，西方资本主义各国政府对劳资关系领域纷纷从自由放任转向干预主义，例如推动工厂法、劳动保护法、劳动保险法、工会法等立法，建立相应的劳动行政管理机构，加强劳动行政管理，扩展劳动监察的领域和范围。

阶级斗争和国家推行改良措施的结果是，经济方面出现一定的民主化，集体谈判制度和三方协商机制出现，这使资本主义各国缓和劳资矛盾的方式逐渐多样化，劳工权益状况得到相对改善，也在一定程度上削弱了西方国家工人阶级武装斗争的意愿，确保劳资冲突不致升级转化为推翻政权的革命。

二战结束带来的新局面是，"黄金时代"的经济繁荣不仅使就业机会大量增加，从而增强工人阶级的力量，也使战前西方工人运动争取阶级权益的斗争成果在凯恩斯主义路线下不断被制度化，构成国家治理机制的组成部分。例如，在德国、比利时和北欧，集体谈判制被看作劳资共决制度的基本形式之一。而劳资共决制是战后西欧国家普遍推行的经济民主化制度。它强调劳资双方利益和权利的平衡，认为劳工和企业主的经济利益存在某种一致性，可以通过双方协商对话，以及双方共同参与和决定企业经营事务，来使劳资阶级矛盾得到缓和，共同促进经济和社会发展。

在美国和加拿大，国家侧重推进劳动法律体系的完善，鼓励劳资双方在法律框架下自主协商，政府适度调节其纠纷。在日本，较为典型的制度化做法是，企业建立了与企业工会结合在一起的终身雇佣制、年功序列工资制、考核评分制、员工持股利益共享制等一整套确保企业和谐的内部机制。

战后在联合国的制度框架下还形成了国际性的劳工保护机制。1946年，国际劳工组织成为联合国的专门机构，制定了一系列国际劳工标准。这意味着各国劳工权益问题不再仅仅受一国条件制约，而是处在国际社会的监督之下。

一系列强有力的改良主义措施，使战后劳资之间大规模的激烈对抗和冲突相对减少，取而代之的是谈判、仲裁等有序行为。工人阶级和资产阶级之间的关系时而紧张，时而缓和，总的来说是趋于缓和。当然战后早期，国家福利制度的普遍建立，有效改善了社会不平等，同样是缓解社会矛盾，减少社会冲突的重要原因。

但是，劳资阶级斗争并非资本主义社会唯一的社会冲突。波澜壮阔的东方革命和民族解放运动，以及凯恩斯主义政府推行的社会改革，在战后都进一步激发了原本就存在的各个弱势群体追求和扩大自身权益的民主主义诉求，例如妇女儿童权益、少数族裔权益、平等投票权益、反主流文化权益等。此外，在世界分裂成资本主义和社会主义两大阵营的冷战背景下，反战团体也掀起了声势浩大的和平主义运动。这些都共同构成了20世纪中期西方资本主义国家逐渐壮大的民主主义运动。

社会运动的长期发展性和社会冲突的持续不断性提示我们，对于战后的西方资本主义来说，即便存在诸如"黄金时代"这样的特殊发展时期，也并不意味着"黄金时代"和之后的阶段是两个断裂的截然不同的世界，更不意味着"黄金时代"是一个和谐安详的时代。

相反，战后"繁荣"带有很大的虚伪性和压抑性。20世纪50年代不仅有生机勃勃的为和平建设服务的国民经济发展，物质生活的充裕丰富，也有笼罩在整个社会头上的反共反苏意识形态阴影。例如美国的麦卡锡主义，它造成了那个历史时期人心的惊惶不安。"繁荣"没有消除发展的隐患——经济危机，"繁荣"同时也制造了另一面——"贫穷"。1959年有7%的美国家庭生活在贫困中。福利制度没有解决失业、住房、教育、医疗等社会问题；相反，它们被繁荣所掩盖。这些都是日后大规模的社会运动和社会冲突的根源。

进入20世纪60年代之后，随着美苏争霸的两极格局进一步强化，美国和西欧更深地卷入冷战的漩涡，局部地区热战不断，经济增长也开始放缓，贫富差距重新拉大，人民对政府的信任感下降。各种社会矛盾在日益激化，社会冲突不断，并造成了社会的动荡不安。西方社会围绕着资本主义向何处去的"改良"和

"激进"的各种观点分歧在扩大，交锋激烈化，还产生了形形色色的反主流文化。

在美国，先后爆发了反越战运动、保障黑人民权运动、肯尼迪被刺事件。社会运动不光有进步的民权运动，右翼保守主义的宗教、文化运动也在酝酿崛起，与民权运动相背而行。

各种反主流运动中，影响力较大的是新左派的青年政治运动。它主要出现于西欧和北美，是一场涉及政治、社会和文化等诸多领域的大规模抗议浪潮。事实上，新左派运动反映了西方左派知识分子对工人阶级运动的失望。新左派的代表人物认为，工人阶级已经被福利制度软化，被劳工组织严密控制，失去了革命的动力，只有青年知识分子可以成为一支可能的、即时的、激进的革命力量。在新左派思想的影响下，1968年爆发了席卷整个法国的"巴黎五月风暴"，试图对法国进行彻底的社会变革。这场运动不仅震翻了戴高乐保守主义政府，而且超出国界，对西方知识青年产生了重要的影响。

而在日本，为了呼应20世纪60年代的"世界革命"风潮（包括亚非拉革命、中国"文化大革命"、美国和西欧的政治运动），反资本主义运动出现了更为激进的暴力革命倾向，诞生了"赤军"这样的青年武装斗争组织，对日本当时较为稳定的社会秩序造成了一定的冲击。

终结"黄金时代"的20世纪70年代经济危机带来了更多的问题，从而也产生更复杂的社会矛盾和社会冲突。在这一时期，不仅是失业率大幅上升，实际工资增长率严重下滑，国家财政赤字不断扩大和凯恩斯主义调控能力丧失，造成福利国家制度危机凸显，同时产业分工的细化和意识形态上个人主义盛行，也促进了社会群体新的分化和社会的多元化。

在社会阶级结构方面，从表3-1可以看出，"黄金时代"结束时的1973年，在法、德、英、美、日这几个西方发达资本主义国家，从事第三产业服务业的雇工人数几乎都超过农业和工业的雇工人数，且几乎占到全部雇佣劳动者总人数的一半以上。随着经济结构的调整和20世纪80年代后全球化时代的临近，这一比例只会不断上升。

表3-1　西方主要国家产业部门雇佣人口的百分比

国家	产业部门	雇佣比例		
		1960年	1973年	1981年
法国	农业	21.4	11	8.3
	工业	36.2	38.6	34.3
	服务业	42.4	50.3	57.4
德国	农业	13.8	7.3	5.8
	工业	48.2	46.6	43.4
	服务业	38	46.1	50.8

续表

国家	产业部门	雇佣比例		
		1960年	1973年	1981年
英国	农业	4.1	2.9	2.8
	工业	47.8	42	35.8
	服务业	38.1	55.1	61.4
美国	农业	8	4.1	3.4
	工业	32.3	32.3	29.5
	服务业	50.7	62.4	67.1
日本	农业	30.2	13.4	10
	工业	28.5	37.2	35.3
	服务业	41.3	49.3	54.7

资料来源：Andrew Glyn, Alan Huges, Alain Lipietz and Ajit Singh: "The Rise and Fall of the Golden Age" in *The Golden Age of Capitalism*, ed. S. A. Marglin and J. B. Schor (Oxford: Clarendon Press 1991), p.44.

这种阶级内部的分化，反映了蓝领工人队伍的大大萎缩。另一方面，快速发展的服务业则产生了大量的自由职业者和个体经营者，比如摄影师、会计师、推销员、牙科医生、理发师、技术顾问、管理顾问、设计师等。他们的工作方式、价值理念、具体利益诉求，与农业工人和制造业工人已经有了很大的差别。

而随着20世纪70年代末80年代初新自由主义改革的展开，工人阶级整体状况也趋于恶化，工会的力量和作用逐渐减弱。国际劳工组织的资料显示，自20世纪70年代以来，西方国家普遍面临着工会数量和会员人数下降的趋势。2003年与1970年相比，美国工会密度下降了11.1%，法国下降了13.5%，日本下降了15.4%，英国下降了15.6%，即使工会力量强大的德国，工会密度也下降了9.4%。[①]同时，在岗工人的生存条件不断恶化，工资持续下降。

这些都导致了大致从20世纪70年代开始，西方社会以蓝领工人为主体的传统工人运动的急剧衰落，虽然这并不一定意味着劳资冲突的减少。事实上，在20世纪末至21世纪初的新自由主义时代，由于世界各国劳动力之间竞争的加剧，发达国家的劳资矛盾也在加深，各国工人集体抗争次数呈上升趋势。

但是无论如何，社会群体的高度分化，使得传统工人运动和斗争逐渐不再构成西方资本主义社会主要冲突的同时，其他的社会运动也在不断涌现。它们以各种团体（例如地方团体、NGO组织）的形式展开活动，有着多样化的诉求，成分非常复杂。例如女权主义、反种族主义、土著居民权利、无政府主义、反战主义、同性恋、环保主义、反全球化等等。它们有些是20世纪中期的民主主义运动的延续，有些则是在新世纪的经济社会形势下应运而生。回顾整个20世纪，如果西方资本主义的社会冲突和社会运动的性质可以用颜色来表示的话，那么它是由世纪初的

---

① Michael D. Yates: A Statistical Portrait of the U.S. Working Class, *Monthly Review*, 2005,56(11):12.

"红色"向"粉红色"到世纪末的"彩虹色"演变。

20世纪末，东欧剧变，社会主义阵营瓦解，沉重打击了人们的共产主义理想。西方知识分子对苏东社会主义的模式进行批判的同时，也质疑政党政治和阶级斗争、武装革命，认为后两者是"失败了的共产主义"的特征，不再符合新的时代要求。在这种情况下，他们摒弃了阶级斗争，转向了多元化的社会运动。

另一方面，新自由主义的治理极力凸显"经济自由"的议题，并利用20世纪90年代伴随着信息技术产业出现的新经济增长，来为自身的合理性辩护，用"先把蛋糕做大，才能更好地分蛋糕"来替换"如何更公平地分蛋糕"的问题，这在一定程度上削弱了人们对经济平等的关注。正是在这种偷换概念的议题操作下，先前致力于"公平分配蛋糕"的凯恩斯社会自由主义左翼——同时也是当代西方的主流左翼，与只关心"做大蛋糕"的右翼同流合污了。他们不再关注经济问题或意识形态问题，而是将"身份政治"作为最重要的政治问题。

所谓"身份政治"，就是认为社会矛盾产生的根源不是社会的阶级结构，而是人们在价值观、宗教信仰、种族、性别、性取向、年龄、公民身份等方面的身份认同差异。它用强调每一个社会个体（文化）身份的独特性，来代替个体作为不同阶级群体的成员在根本的社会经济权力和利益上的一致性。因此，从身份政治上来看，社会公正和平等不再是实现经济平等和消除阶级差别，而是使各种身份的"弱势群体"或"边缘群体"获得社会对其平等的身份认同和权益保障。这就相当于把政治问题去阶级化、去组织化。

虽然我们知道，民族矛盾、种族主义、性别不平等等问题的根源仍然是阶级问题，但操弄身份政治却遮蔽了这一根源。那些操弄身份政治的社会精英在保有政治上的安全的同时，又收获政治声誉，不致因为过于"激进"，威胁到根本的社会秩序而丧失既有地位。西方的社会自由主义者和社会民主主义者正是紧紧抓住身份政治，围绕着如何促进各个"边缘群体"的利益来展开社会运动，并以此来标榜自己的左翼立场。

在21世纪初的西方发达国家，环保主义者、反种族主义者和LGBT（女同性恋者Lesbians、男同性恋者Gays、双性恋者Bisexuals、跨性别者Transgender的缩写）等群体的身份政治抗争运动，已构成最为醒目的社会冲突形式，且愈演愈烈。显然，这些形式和阶级斗争相去甚远，且基本是在认同资本主义制度的框架内进行，并没有提出替代资本主义的目标。即便在新自由主义时代，由经济不平等程度加剧导致的社会矛盾同样非常深刻，但基于此的阶级斗争却很容易被身份政治所掩盖或转移。

因此，社会冲突变得频繁，但基本又尚在资本主义制度可容纳的范围内，迄今还未形成如同19世纪末至20世纪初，或20世纪六七十年代那样具有高度对抗性的大规模社会斗争。正因为如此，还不能简单地说21世纪初西方资本主义国家的社会冲突在放缓或加剧，而只能说由于社会运动本身的多元化形式，同时又与资本主义暂时的非根本对立性，使社会统治秩序处于一个不断失衡的状态。

但是能否由此断定，当前资本主义社会的阶级矛盾和劳资冲突有所缓和呢？人们把目光放大到全球就会发现，对抗性的阶级斗争及社会冲突在西方国家有所削弱，是和这些矛盾及冲突在世界其他地方的增强相互依存的，正如资本主义与社会主义两大阵营之间的冷战，是以热战在剩余世界的局部区域不断发生甚至加剧为条件一样。资本主义社会的主要矛盾（即无产阶级与资产阶级的矛盾）没有得到解决，那么它总要寻求另外的出口。而我们很快会看到，西方主流左翼对劳工阶级的抛弃，对他们利益诉求的刻意忽视和遮蔽，将在21世纪第二个十年左右，当新自由主义出现危机时，结出了怎样的苦果。

迄今为止，我们几乎没有涉及发达资本主义之外的情况。要想了解20世纪末以来，对抗性的阶级矛盾爆发的中心点如何从发达国家向不发达国家转移，从而把握住当代资本主义世界体系的总体面貌，就不能不谈"全球化"——这一把全球各个极不相同的资本主义国家整合成一个密切联系的有机整体的强大力量。

四、一波三折：全球化的迷思

冷战结束后，"全球化"及其相关字眼突然充斥着我们的社会经济生活。"经济全球化""文化全球化""科技全球化""信息全球化"等话题，上至精英权贵下至黎民百姓，都在津津乐道，俨然替代了占据20世纪大多数时候人们心系的主题——"战争"与"革命"，这似乎昭示着一个全新历史时代的开始。

的确，对20世纪末至21世纪初的人们来说，"全球化"不再仅仅是一个抽象的词汇，它已经构成了当代的日常生活场景：在超市货架上，摆满了来自不同国家的商品，甚至是那些来自遥远国度的物品，现在也变得触手可及；不同地域的人们穿着款式几乎相同的服装，驾驶着同一品牌的轿车，使用着一模一样的沐浴露或调味剂；一部电影，几乎可以同时在纽约、巴黎、曼谷或孟买观看到；坐在北京的办公室里，与加利福尼亚或中东的公司总部或办事处同事一起处理工作事务。环球同此凉热——世界各国的人们仿佛被一张大网紧密地编织在一起。

如果用"全球化"来指称这种经济活动超越国界，在全球范围内的联结不断增强，并且通过这种联结使人类生活在全球规模基础上发展的话，那么"全球化"其实并不是当代才出现的现象和趋势。商业资本主义时代，殖民活动和商业资本大力开拓世界市场，从一开始就不断推动人类的经济联系向世界范围发展。更别提大工业革命时代逐渐展开和建立的世界市场的分工，在19世纪末至20世纪初就将不同国家、不同地域、不同社会生产方式的经济活动纳入一个全球性的生产体系中。这些都可以看作早期的全球化。

因此应该注意，"全球化"（这里主要指经济全球化）有两层含义：广义的全球化指的是15世纪末地理大发现后，世界经济逐渐形成的大历史过程；狭义的全球化，特指20世纪80年代左右开始不断加强的世界经济发展趋势。无论哪种含义，全球化都与资本的全球扩张具有内在联系。

如前所述，推进当代全球化的支柱是跨国公司和跨国资本。它们从20世纪六七十年代起，为了绕开二战后将世界市场分割开的各国贸易保护主义壁垒，将生产能力不断向海外输出。一开始主要是发达国家向发达国家投资，逐渐地，随着20世纪70年代末，越来越多的发展中国家和地区（例如拉美、东南亚、中国）实施了对外经济开放的政策，发达国家加大了向发展中国家的资本转移。20世纪90年代，新自由主义的改革和治理促进了金融资本在全球范围内流动，进一步帮助国际资本突破民族国家樊篱，促使更多国家敞开更大的国门。与此同时，原苏东社会主义国家在剧变后重新加入全球资本主义，二战后分裂的两个平行的世界市场融合为一个世界市场。自此，基本囊括全球的经济关系自19世纪末至20世纪初后，又再度形成了。

这还只是对过程的现象描述。从本质上来讲，扩张是资本的内在本性。对利润、财富积累的强大欲望引导、驱使着它，哪里劳动力便宜，自然资源和原材料充裕，市场或潜在市场广阔，它就要往哪里去，并寻找这些生产要素的最佳组合，直至搜寻和占领整个可能的全球地域空间。因而，全球化是资本扩张的必然结果。当然，仅仅这几个条件并不足以确定吸引国际投资，还有其他因素也非常重要，比如政局的稳定、完善的基础设施、一定水平的技术工艺、良好的营商环境、接近关键组件的供应链等。这说明资本的流向选择是复杂的，全球化的推进需要不少条件。而资本的分配和选择，即投资地域和投资领域的分配和选择，归根结底又是由国际金融集团（例如国际投资银行）来掌握和决定的。全球化不过彰显了金融资本在全球层面对社会经济过程的支配。

无论如何，当冷战结束之时，大多数人是真心欢呼和拥抱全球化浪潮的。他们乐观地展望着全球化的前景。对于那些落后国家的人们来说，全球化似乎可以给他们带来更多的就业岗位，提供更优厚的报酬、更多选择的消费，以及移民到更发达国度的机会。而在他们面前，已经有了几个榜样。例如中国台湾、中国香港、新加坡、韩国被称为"亚洲四小龙"，它们在20世纪七十至九十年代承接了发达国家向发展中国家转移的劳动密集型产业，吸引了大量资金和技术，利用本地廉价良好的劳动力优势，发展劳动密集型的加工产品出口贸易，最后实现工业化和经济腾飞，跻身于发达经济体之列。这些经济体的成功鼓舞着人们，吸引着经济学家们对它们的经验进行总结，从而壮大全球化的鼓噪大军。

但是，"亚洲四小龙"作为全球化正面案例颇为醒目，又在一定程度上反映出它们的成功在其他地方极少再现。同样在20世纪90年代初，拉丁美洲国家普遍放弃了战后以来的进口替代战略，实施了更彻底的新自由主义改革，向国际资本开放了更大的市场，国际投资者兴高采烈，前途仿佛一片光明。然而仅仅不到4年，便爆发了席卷拉美的金融危机，给拉美各国带来了严重的经济灾难。发达国家似乎只有美国一家独秀，其他国家则问题重重。在日本，自20世纪90年代初"泡沫经济"破裂以来，经济就一蹶不振。在欧洲，全球化加剧了资本流出，使经济继续陷在缓慢低度的发展中，失业率常年居高不下。即便到21世纪初，非洲大陆还基本与全球化的好处擦肩而过，一如既往地贫穷，疾病肆虐，战乱蔓延。即便是东亚这块从全球化中受益颇多的区域，许多国家在经历20世纪八九十年代的经济快速发展后，由于一系列金融自由化政策，1998年就爆发了亚洲金融风暴，货币大幅度贬值，股市楼市暴跌，致使外债高筑。不仅"亚洲四小龙"经济元气大伤，效仿"亚洲四小龙"道路的后起之秀"亚洲四小虎"（泰国、印度尼西亚、马来西亚和菲律宾）更是危机的重灾区，国民经济一夜之间被打回原形，自此一蹶不振。

这说明，全球化具有两面性，它的发展是不平衡的，并非像主流舆论所宣扬的那样是普惠性的。事实上，正因为如此，20世纪末的全球化进程从一开始就伴随着质疑和反对之声，这些声浪一波一波地高涨。

1999年底，世界贸易组织在美国西雅图召开第三届部长会议时，遭遇了声势浩大的抗议活动，拉开了反全球化运动的序幕。新千年伊始，爆发了规模最大的一次全球性反全球化运动，参与者来自世界各地，有不同的民族、宗教、职业和政治背景，包括环保主义者、无政府主义者、农产品保护主义者、消费者利益保护者、工会活动分子、抵制资本主义和新自由主义的左翼、宗教界领导人，以及呼吁提供发展援助的民主派。2008年全球金融危机之后，在世界经济持续低迷的背景下，又形成了新一轮的反全球化运动。不同于以往，它以原先鼓吹新自由主义和主导全球化的西方发达国家的政客和选民反对自由贸易、主张限制市场开放为特征，更确切地说是"逆全球化"，且持续至今，远未消退。

这些情况不由让人困惑，全球化中的"东亚经济奇迹"为何迄今尚未在其他地方得到复制？遭遇了如此多的反对，全球化是否还应该持续下去？

全球化，不是出于对全球自由市场的抽象信仰，也不是一股神秘之力，一只"看不见的手"。相反，全球化是具体的，是各方面的利益主体——跨国公司、国际资本、社会阶级、民族国家、霸权力量的相互博弈、共同作用的一个过程。这一过程产生了多重矛盾，正是这些矛盾决定了全球化在20世纪末以来的推进——如同它在过往的那些历史时段一样——充满了波折。要判断全球化的性质和作用，需要具体地考察这些利益相关主体，以及它们在全球化进程中发生的相互之间的利益矛盾关系。

1.发展中国家资产阶级与无产阶级的矛盾既包括跨国垄断资产阶级与发展中国家工人阶级的矛盾，也包括发展中国家本国资产阶级与工人阶级的矛盾

资本家为了提高利润率，通常通过两条途径来降低劳动力成本。一是当采用新技术和新机器设备比采用人工更能节约成本时，就用新技术和新机器来替代人工；二是寻找更便宜的劳动力。后者无疑是跨国公司把生产从发达国家转移到发展中国家的动力之一。人们抨击跨国公司在第三世界投资建立的工厂，或把某些产品环节委托给第三世界来加工生产的工厂是"血汗工

厂"。因为在这些工厂里，往往复制了西方国家在早期工业化阶段的劳动状况：恶劣的工作环境、超长的工作时间、微薄的劳动报酬、死伤惨烈的安全事故、毫无保障的劳动前景。因为这一切比先前极端贫困的农业生活和普遍失业的情况稍好，所以雇主们认定第三世界"低贱"的劳工不得不对此忍气吞声。然而事实相反，后者不光遭遇到与过去西方工人阶级相似的劳动境遇，而且他们还承受着跨国资产阶级和本国资产阶级的双重压迫，被激发出了更强烈的反抗和斗争精神。

随着出口导向型工业化进程的推进，发展中国家和地区的工人运动也蓬勃兴起，它们遭到冷酷无情的政府的镇压，又引起了更为激烈的反抗。韩国20世纪七八十年代与政治民主运动结合的轰轰烈烈的劳工运动，非洲多国（尼日利亚、津巴布韦、南非等）的工人和工会组织在20世纪90年代掀起的声势浩大的反新自由主义社会抗议运动，印度2019年为反对莫迪政府的一系列"反劳工"政策举行的两亿工人大罢工，都是第三世界阶级斗争画卷中浓墨重彩的几笔。也就是说，当跨国资本在发展中国家发展起低端制造业的同时，也发展出了资产阶级与无产阶级之间更尖锐的阶级矛盾，更激烈的劳资冲突。通过全球化的效应，发展中国家成了世界范围内资产阶级和无产阶级对抗性矛盾的焦点和中心。

2.各国无产阶级的矛盾包括发达国家工人阶级与发展中国家工人阶级之间的矛盾，以及发达国家的工人阶级与外来移民工人之间的矛盾

如前所述，当代西方国家出现的"金融化"，金融化的另一面正是制造业大规模向海外转移，又称"产业空心化"。一方面，这种潮流造成了世界工人阶级之间的分裂和严重对立。因为发达国家的工人并不能随着产业转移，他们被迫留在原地，要么由于岗位的消失而失业，要么即便保住岗位也被迫和第三世界的工人展开竞争，比比谁的工资低，从而更能得到雇主的青睐。这一切使发达国家工人丧失了原来相对良好的劳动和生活条件，也大大削弱了他们同资本家议价和斗争的能力及手段。

另一方面，资产阶级为了维持住对两边工人的有效压制，转移国内劳工阶级对跨国资产阶级的不满，不断制造蛊惑人心的宣传，把西方工人阶级境遇的恶化归咎于第三世界国家的政府和人民，煽动国内劳工阶级对他国的仇恨，挑拨发达国家工人与发展中国家工人的关系。

与此同时，全球化还为发展中国家的中下层人民向发达国家移民提供更多的便利条件。大量合法或非法移民进入发达国家后，为了生存不得不去从事缺乏任何劳动保障的较低层次工作或边缘性工作，或者源源不断地补充劳动力队伍，成为发达国家庞

大的产业后备军。这些都有利于资本家既压榨移民工人，又压低在岗正规工人的工资，从而引发了正规雇佣的本地工人与非常规雇佣的移民工人之间的矛盾。

3.资本主义各国资本集团的矛盾包括跨国资本之间的矛盾，跨国资本与民族资本之间的矛盾

跨国公司、跨国资本集团之间既竞争又合作。全球化固然促进了各国资本在国际层面的集中和融合，但跨国公司的相互兼并本身就是在激烈的竞争压力下进行的。每一个跨国公司都力图排挤或吞并对手，由自己去占领整个部门或行业。全球化中新兴市场（比如亚洲市场、非洲市场）的出现，则为跨国资本提供了新的国际竞争场所，它们争相去抢占新兴市场，而占领新兴市场的竞争就日益白热化。

此外，在全球化进程中，发展不平衡加剧。不仅发达国家之间的发展不平衡，发达国家与发展中国家之间的发展也不平衡。美国继续充当着全球经济的领头羊，欧洲和日本相对衰落，部分发展中国家和地区高速发展，产生了一些走向世界的跨国公司。它们加入国际竞争当中来，使竞争更为激烈，同时作为后来者又对发达国家的企业构成了挑战，如韩国的三星集团、印度的塔塔集团等。中国大陆拥有的全球500强企业数目也在增多。当前，国际竞争已主要在美国资本集团、欧洲资本集团和新兴市场资本

集团这三大区域板块的资本集团之间进行。

与此同时，无论在母国还是东道国，作为大资本的跨国资本所追求的垄断利润，都是建立在对本土中小民族资本的压榨之上的。在跨国公司母国，被局限于本土的制造业工厂主、小企业主、农场主，无法与能够利用和控制世界市场的跨国公司抗衡。他们的生产成本高于跨国公司的海外生产成本，他们的市场份额被跨国公司海外工厂生产的物美价廉的进口商品大大挤压，他们为了扩大生产规模频繁地陷入债务危机，最后要么勉强维持营生，要么破产被大企业收购。

在东道国（主要是发展中国家），除了存在前面一种情况，大量的中小企业成为跨国公司产业链和供应链上的一环，支撑着中低端加工制造业的发展。跨国公司既可以充分利用当地的廉价劳动力和廉价原料，又加剧了东道国内这些中小企业之间的竞争，压低它们的利润空间，相应提高自身从中牟取的利润份额。这使得跨国公司产业链上的中小资本家既充满怨恨又无计可施。

对加工贸易的过度依赖，造成了第三世界本土产业和民族资本严重依附于国际垄断资本。而在那些不甘心只成为跨国公司的雇工或帮工，且能够用自有资本建立自己的工厂，生产自己的产品，拥有自己的技术和品牌，建构自己的产业链，发展自己的制造业的国家，民族资本则具有较强的独立性，它将逐渐成长为国际垄断资本的竞争者。只有这样，民族企业自己生产出来的大部分利润才能留在国内，惠及自身，并有可能普泽本国国民。正是这种差别，导致了"亚洲四小龙"（主要是韩国和中国台湾，中国香港和新加坡的例子较为特殊）和"亚洲四小虎"的不同结局。而由跨国垄断资本主导的全球化，在发展中国家更多形成的是依附性的经济结构，只有少数先前能够利用全球化的机会，完成一定资本积累乃至技术积累的国家，才有可能摆脱这种经济结构，实现经济转型。

4.全球化造就的分工体系，使发达国家与发展中国家之间形成了掌握产业链制高点的"中心国家"和处于产业链中低端的"半边缘"及"边缘"国家，或者"金融国"与"生产国"的不平等结构

发达国家的产业空心化，就是只在国内保留了服务业、高科技产业和军工战略产业。这样正如前所述，一方面，发达国家把低端制造业迁往海外，把发展中国家变成原材料基地和消费品制造终端平台，然后从这些国家进口廉价原料和消费品，用以支撑本国的借贷消费经济，维持国民的高生活水平；另一方面，发达国家为确保对产业链最顶端的掌控，凭借金融和高端产业掠夺超额利润。

美国等发达国家在芯片产业、生物制药、集成电路、航空制造、医疗等高附加值、高科技含量的产业中处在领先地位，掌握着全球80%的研发资源和专利权，基本垄断了国际技术贸

易。它们利用对核心技术和知识产权的垄断，对发展中国家新技术的采用收取高额专利费，不光从中攫取垄断技术租金，还借此限制发展中国家的产业升级，把后者现有的产业"纳贡"地位维持下去。

为了巩固在全球竞争中的优势地位，发达国家限制特殊部门资本和技术流出只是一个方面。限制外来投资，确保把关键部门留给本国企业，则是另一重要手段。为此，发达国家普遍采取了特别立法和审查程序来处理外国投资问题。

在日本，审查监视外国企业的制度长期存在。在美国，1988年专门成立了外国投资委员会，设立了外国投资审批制度，由政府从是否涉及国防生产能力，是否涉及向特定国家销售、转售军事技术，以及是否影响美国在国家安全领域的技术领先地位这三个方面来评估是否审核通过投资项目。但这项制度往往蜕变成美国政府用来打压和限制其他国家，尤其是那些最有力的竞争者的一件重要武器。例如特朗普政府时期就利用该项规定，以国家安全为由，取消和禁止华为、TikTok、中国电信等中国信息技术企业在美国的业务。

发达国家的金融资本集团还利用全球化来控制和垄断发展中国家的国民经济。国际性的金融机构，尤其是国际货币基金组织（IMF）和世界银行充当了这种扩张的强有力工具。发达国家（尤其是美国）在这两个组织中占有绝对主导地位，使二者很大程度上代表了发达国家及其金融资本集团的利益。国际货币基金组织通常以国际债权人（主要是美国债权人）的面貌出现，以资金援助为借口，游说或逼迫发展中国家实行新自由主义改革，包括变卖国有资产，实施私有化，向外国资本开放国内市场和金融市场。一旦债务国和受援国实施了这些措施，国际垄断资本便大举侵入，兼并或接收这些国家的国有企业或公共部门，取得这些产业原先具有的垄断地位和权力。

在20世纪90年代以来发展中国家经济私有化的浪潮中，以美国跨国公司为首的国际投资者以极其低廉的价格收购和占有了第三世界的土地、矿产、水电、运输系统等公共资源和国有工厂。但这些国际投资者主要感兴趣的，不是扩大被收购企业的生产规模，通过改善其生产经营来盈利，而是哄抬企业股票价格或实物资产（尤其是房地产、自然资源）价格，推高金融泡沫，榨取丰厚的投机利润，或者就地收取垄断租金。为此，这些国际投资者通常又要对被收购企业进行裁员，压缩部门规模，重组资产。在这种金融投机性质的跨国投资策略的主导下，发展中国家的经济私有化不仅不能推动国内产业进一步发展，带来就业机会的增长，分享经济全球化的红利，相反还会导致国内产业萎缩，成为国际金融资本集团刀俎上的鱼肉。

2006—2011年，全球外商直接投资的平均回报率为7.0%，外商直接投资发达国家的平均回报率为5.1%。相比之下，外商直接投资发展中国家和转型国家的平均回报率分别为9.3%和12.9%[①]，远高于直接投资世界和发达国家的平均回报率。这表明，国际资本的全球产业投资使大部分利润从发展中国家和转型国家流向发达国家。如果加上金融投资方面的获利，回报率将更为可观。

由此可见，在20世纪末以来的全球化进程中，跨国垄断资本是最大的赢家，广大发展中国家的民族资产阶级、无产阶级所得不多，发达国家的无产阶级和中下层人民利益相对受损。资本主义各相关利益群体之间的矛盾在全球范围内得到进一步发展。

但是，人类经济社会关系在全球规模上增强又是历史发展的必然趋势。因而，面对"反全球化"和"逆全球化"潮流，不少有识之士认为，应该反对的是资本主义的全球化、新自由主义色彩的全球化、由发达国家主导的全球化。也就是说，我们需要提出一种"新全球化"，来取代现在这种具有严重不平等效应的全球化。

---

① 联合国贸易和发展组织：《世界投资报告2013——全球价值链：促进发展的投资与贸易》，北京：经济管理出版社2013年版，第33页。

本章小结

当代资本主义在20世纪70年代前后的对比表明，资本主义不是一成不变的，而是一直处于演变发展中。我们不应该用静止的、教条的眼光去看待资本主义，用笼统的、似是而非的论断来评判资本主义的不同阶段。这是一种思维的惰性。相反，应该具体分析和考察发展的每一阶段所呈现出来的特点、所代表的含义及其背后的驱动力，即各种社会关系、阶级关系的变动和趋势。当代资本主义在20世纪70年代之后的变化既有国内国际经济社会结构方面的客观原因，又有资本主义国家的上层建筑为了顺应这些形势而做出调整的主观原因。无论如何，这些变化都反映了资本主义社会内部矛盾的复杂。资本主义的发展，用恩格斯关于"历史发展的合力"的话来说，同样是"有无数互相交错的力量，有无数个力的平行四边形"产生出的一个总的结果。

第四章

新技术—产业革命
——当代资本主义的续命法宝

关于资本主义，我们经常遇到的一个核心问题是既然它有如此深刻的内在矛盾，引起了如此众多的反对力量，爆发了无数次危机和革命，从而在历史上多次被宣判"濒临死亡"，那么为何直到今天，资本主义还活着，并继续在发展？

资本主义生命力的延续，是一个非常复杂的问题。因为任何一种经济社会形态，它的终结都不可能如人自身的衰亡一样，是仿佛到了一个命定的时间就发生了的自然而然的过程。前资本主义的各种社会形态退出历史舞台，也得经历很长的过渡阶段，期间充斥着种种斗争和革命的反复。而即便是人的寿命，也是由很多因素来决定其长短的。人们同样可以说，资本主义垂而不死的原因是多方面的，既有经济的，又有政治的，甚至还有文化或社会观念上的原因。

对此，最常见的一种解释是，因为资本主义社会有很强的自我调节能力。每当它因为尖锐的社会矛盾而陷入生存危机，人们便不断进行制度上的调整和改革，采取改良措施，从而又能度过危机。例如，正像我们已经看到的，凯恩斯国家干预主义就是二战后资本主义非常重要的调节机制。

在某种程度上看这种观点是有道理的。但是，由此却不能说，资本主义的调节是通过外在手段来实现的，毕竟包括宏观政策在内的国家治理机制，终归是在资本主义经济机制外部来发挥作用。这就让人觉得，似乎资本主义社会的自我调节跟它自身的经济发展规律没有什么关系。然而本章意在说明，资本主义内在的经济运动也会生成一定的调节系统，这种调节从根本上决定着资本主义的生命力。

一、资本主义的自我调节：技术—产业革命成为源动力

资本主义经济内在的调节系统的生成，与技术—产业革命有本质上的联系。

我们通常会问，资本主义最根本的合法性，即存在的必要性是什么？那就是它对生产力的促进和解放。马克思和恩格斯指出："资产阶级除非对生产工具，从而对生产关系，从而对全部社会关系不断地进行革命，否则就不能生存下去。"[1]这种对生产工具、生产关系和社会关系的变革，归根结底是为了适应生产力

---

[1] 《马克思恩格斯文集》第二卷，北京：人民出版社2009年版，第34页。

的发展。如果资本主义不能适应生产力发展的需要了，那就丧失生命力了，理所应当被消灭。

资本主义的生命力首先是通过技术—产业革命来反映和实现的。在资本主义制度下，生产力发展和技术进步，表明资本主义还未完全失去活力，还有一定的发展潜力。

技术是对自然科学成果的实践转化和应用。当人类在改造自然界的方法和手段上出现重大的发明，并取得系统性的突破时，就产生了技术革命。而将技术革命成果广泛应用于社会生产，尤其是在生产工具方面实现了全面的升级和革新，并极大地拓宽了劳动对象的范围时，就引起了产业革命。因而，技术革命就是对生产的技术基础的根本性变革。生产的技术基础毫无疑问属于生产力的范畴，它主要体现在生产工具上，而生产工具是生产力的三大构成要素之一，也是生产力发展水平的物质标志。这种生产工具上的变革必然会相应地引起生产的组织形式，即生产—劳动形态上的变革。

例如，在第一次技术—产业革命中，技术革命的内容是机械化的自然力代替人力。但是，个别机器的发明在18世纪80年代以前的手工制造业中就已零星地出现，只有当机器大量涌现并应用于生产，形成一个包含动力机（如蒸汽机）、传动机和工作机（如各种纺纱机、织布机、梳棉机、漂白机）的发明和使用在内的机器技术体系，才导致了产业上的革命，即从手工生产转变为机器大工业生产。

产业革命包含两个方面：一方面，既是人们生产的技术基础（生产力水平）上的变革；另一方面，也是人们的生产—劳动形态（生产方式）上的变革。例如，以机器大工业代替手工业的产业革命，从生产的技术基础上说是以机器生产代替了手工生产，从生产—劳动形态上说是以大工业和工厂协作代替了家庭作坊和工场手工业。技术基础直接决定了生产—劳动形态，有什么样的技术基础，就有什么样的生产—劳动形态。因此，技术革命与产业革命总是相伴相随，互为一体的。

技术—产业革命对资本主义发展潜力的刺激作用又表现在两个方面：一是资产阶级通过掌握先进科学技术来提高劳动生产率，促进生产力发展，带来物质繁荣。换而言之，对生产力的变革使资产阶级"做大蛋糕"；二是资产阶级利用技术变革来改造资本主义的劳动过程，建立起既顺应产业变化和生产—劳动形态新要求，又能够有效控制劳资矛盾的劳动管理组织制度或模式，即对生产关系进行变革，对劳动过程进行调节。资产阶级在此基础上作用于社会和政治的调节系统，以及最终影响到社会观念和意识形态，使之增强对社会矛盾的控制，即对社会关系（上层建筑）进行变革。换而言之，对生产关系和社会关系的变革，使资产阶级掌控顺利"分蛋糕"的过程。

由此也看出，在技术—产业革命背景下，资本主义为了适应生产力的发展而不断进行调整的过程，不仅是经济方面的调整，也是社会、政治、思想意识形态等多方面调整变化的过程。这样，资本主义通过自我调节来延续生命力就呈现出了多因素的综合作用。

我们将看到，每一次的技术—产业革命，如何成为资本主义进行自我调节的重要契机，为资本主义重新注入动力和活力。

一方面，在产业资本主义之前的手工制造业中，经济增长主要基于劳动者的手工生产技艺，完全由人力驱动。工场手工业主若想生产出更多的商品，获得更高的利润，唯有通过延长工人的劳动时间，提高劳动强度，增加工人的人数这样几种方式来实现。但是第一次技术—产业革命中，机器体系已经是自动化的系统，可以取代人的绝大部分体力劳动，人只需从旁看护。并且机器生产效率远高于人力，在单位时间内能生产更多的商品。这样在机器大生产下，延长工人的劳动时间不再是绝对必要的（尽管在现实中，工场主总想用尽种种手段拼命延长工人的劳动时间）。相反，采用机器生产的工场主，由于其雇佣的工人在单位时间内的劳动生产率更高，哪怕总劳动时间并没有比手工业工人的劳动时间长，也能获得工场主得不到的超额利润。这就使机器大工业的工场工人缩短劳动时间具备现实的可能性。

另一方面，机器大工业生产累积的商品速度更快，数量更多，因而比手工制造业更需要一个不断扩大的市场。这驱使产业资产阶级不仅要到处开拓海外市场，也要扩大国内市场。但是，国内消费品市场的扩展需要数量庞大且有足够支付能力的工薪劳动者来支撑，这在客观上也要求资本家不能无限制地压制工人工资的增长。

因此，第一次技术—产业革命进程中，劳资阶级斗争的主要焦点，除了在早期工人将机器作为失业的替罪羊而掀起捣毁机器的运动外，基本集中在"减少劳动时间"和"提高工资"方面。斗争胜利的主要成果则体现在19世纪末至20世纪初的"8小时工作制"以及最低工资制度在国际工人大会和主要资本主义国家分别得到确认和确立。1850年左右，处于工业化、现代化进程巅峰的美国工厂的平均工作时间是每天10小时，每周7天。到1870年左右，美国工人每天的平均工作时间已减少到接近9小时，而1913年开始便逐渐向8小时工作制过渡。

与此同时，产业革命的发展也导致了生活必需品价格的下降，例如纺织工业的发展使服装消费对大众越来越有利，铁路交通的发展使运输费用降低，日用品和燃料的价格也随之下降。机器生产的劳动生产率提高，使单位商品包含的劳动价值量减少，从而市场价格下降。无论是在英国还是在其他西方国家，这些因素使得产业革命后期工人阶级的实际工资收入和生活水平得到提高。这样，第一次技术－产业革命不仅通过建立大机器生产来解放生产力，同时也使资产阶级拥有了一定余地来缓和阶级矛盾。

不过，从19世纪70年代开始，西方资本主义国家逐渐陷入长期的经济萧条和停滞，社会冲突和阶级矛盾不断激化，两次世界大战更是催生了社会主义革命，资本主义的统治可谓岌岌可危。但也正是从1875年左右启动了第二次技术－产业革命，基础能源逐渐由煤炭转向石油，机器动能逐渐由蒸汽机转变为内燃机、电机；机器体系的自动化进一步完善，流水线生产形成了由电子学引导的半自动体系；包括制造业、采矿业、交通运输业、公共事业在内的工业部门已经全面机器化了，这使得重化工业、重型机械工业、汽车工业、民用工程、电气设备工业等严重依赖技术设备的资本密集型产业崛起。

相应地，在生产－劳动形态上，生产过程的全面机械化和半自动化形成了更为标准的流水线作业，进一步要求由零部件标准化向包括生产程序的标准化、产品的标准化在内的普遍标准化转变，工厂的标准化生产以及巨型工厂成为必然。根据生产－劳动形态变革的这一客观要求和发展趋势，资产阶级建立了新的劳动组织和管理模式，最典型的就是诞生于20世纪初的"福特制"。

1908年开始，美国汽车制造厂商福特汽车公司对汽车生产的流水线作业和批量生产进行创新改良，提出了小品种大批量的理念，通过标准化的批量生产来降低生产成本，扩大批量生产规模，从而让普通人买得起汽车，实现消费普及。其生产管理模式被推广开来，统称为"福特制"。

福特制的特点如下：1.高度标准化的生产管理制度，将生产流水线上的各道操作工序简单化、程序化，让每个工人固定在流水线上进行匀速操作，同时对各个环节进行监控，最大限度地提高劳动生产率；2.分工细化，各司其职，脑体对立，设计人员负责设计，管理人员负责监督，而工人只需完成重复、机械的简单动作；3.高效率与高工资相结合，在劳动生产率提高的条件下，压缩工时，给工人更多的休息时间，缓解高强度单调劳动带来的身心疲劳，同时给予工人高工资，使之成为大批量生产的商品的消费者。

福特制又是对资本主义劳资关系的重大调节。一方面，福特制采用的自动化技术在减少直接操作的工人的同时，使工人去技能化，丧失自主性和创造性，这样就消除了熟练技术工人对劳动过程的控制。另一方面，管理部门通过对每个相对独立的生产环节的监控，获得了对劳动过程的直接控制权，由此产生了以办公室官僚的工作为基础的纵向等级制分工。在等级分工和等级管理的基础上，企业雇主建立了一套严整的规则和程序来对企业运作实行集中和全面控制。

此外，为提高劳动生产率而采取强化竞争的一系列措施，如绩效评估、报酬分配、惩罚等，促进了工人对个人利益的追求。每个工人都被训练成只负责归自己负责的一块事务，对集体事务和集体利益漠不关心，从而也削弱了工人集体形式的抗争。这些都有利于资产阶级在劳资关系中拥有更大的支配权力。

一方面，福特制改变的不光是汽车制造的方式，而且也改变了整个社会的经济模式和生活方式。"以横向精细分工和集中式等级管理来获得最佳效率"的原则，影响和塑造了资本主义的经济和政治制度。人们对专业化的官僚治理的依赖和信赖感增强，经济、政治组织中的官僚权力得以大大膨胀，这为国家干预主义的发展、国家强化对社会经济生活的介入，提供了很好的技术条件和制度基础。

另一方面，基础能源的转换和大规模机器生产，为耐用消费品的大规模生产奠定了物质基础，耐用消费品（如汽车、家用电器）的大规模生产又为大规模消费奠定了物质的基础。福特制的运用则使企业具备了大规模生产的能力，促进了耐用消费品及关联产业的快速发展。而将大规模生产和大规模消费相结合的手段则导致了消费主义，因此人们通常把福特制的产生看作消费社会的开端。

消费社会的来临，使西方社会享乐主义、个人主义盛行，同时也麻痹了工人阶级的阶级意识，瓦解他们的斗争意志，遏制他们推动社会变革的欲望。消费主义同时还有助于减少因生产过剩而引发的经济危机。

20世纪50年代之后，汽车市场的需求日趋个性化、多样化，对以批量生产为标志的福特汽车公司和福特制形成越来越严重的冲击。为适应新的市场需求的变化趋势，又产生了将福特制的优点和更灵活的生产结合在一起的"丰田制"，即根据日本丰田汽车公司的经验总结的新生产管理模式。此后，资本主义企业的组织和管理模式都在向灵活化和弹性化的方向发展。这种调整不光是为了适应新技术—产业革命的要求，也是对终结"黄金时代"的社会经济危机的回应。

第三次技术—产业革命，即信息—通信革命的到来，几乎与"黄金时代"的结束、凯恩斯主义向新自由主义的转型同步。信息通信和网络技术革命带来知识密集型产业、技术密集型产业的崛起，促进新一轮的经济增长，使西方资本主义走出20世纪70年代以来的经济危机。产业组织形态的变化和数字化技术的发展，又使资本主义掌握了新的社会控制工具。

　　数字化技术（从计算机等信息通信设备到互联网，再到物联网）能够即时地搜集和反馈信息，实现信息的互联互通。海量知识和信息以大数据的方式呈现，同时对大数据的处理成为生产和其他经济活动展开的基础。基于生产信息与消费信息的高效对接，为了生产能够及时调整，很快对市场变化做出反应，标准规模化生产逐渐被分布式、小批量、定制化的生产所取代。

　　从生产—劳动形态上来看，信息的相互连通使个体与组织之间形成多向互动，简化了作业流程和中间环节，克服了生产的资源分割、条块化操作和迟滞性反映等缺陷，颠覆了基于信息不对称建构的单向线性组织结构，使层级式分工向水平分工、网络状分工转变。这意味着，分工与合作可以不再被固定在一个组织或单位内部。相反，分工与合作打破了空间地域和时间的限制。通过网络平台或中介，人们可以随时随地进行分工合作，协同完成一项工作。由此，生产和经营的企业出现了扁平化、平台化、小微化、自我组织和自我管理的趋势。

　　"温特制"生产组织管理模式在20世纪90年代产生，无疑是资本主义企业在新技术—产业发展趋势基础上的又一次重大调整。其内容是，将统一的产品体系（包括研发设计、生产、销售和售后服务）以及生产的每个工序分割成各种相对独立的模块，然后一一外包转移出去，让不同的承包商按事先确定的设计规则和技能进行"模块化"生产，再在全球范围内完成模块组装，从而搭建起以产品标准制定者（即最终产品所有者）为中心的零部件全球共享平台。这样就使生产变得非常灵活高效，因为通过统一的标准化的接口，不同供应商的零部件可以相互替换、取代。而各个零部件供应商之间进行竞争，又有效降低了采购的成本，提高了企业利润率。

"温特制"的另一后果是，原先"福特制"下巨型企业所表现出来的单一的产权形式（所有权、占有权、使用权、收益权等的统一）被分解为各种松散的权利约束群，如产业链上层层分割的"承包权"、供应链上每个环节的供销权等等。互联网技术革新下涌现的平台企业和平台商业模式，进一步弱化和遮蔽了名义上的所有权，使企业能够通过生产经营的自由形式，来推卸原本应承担的各种法律责任和社会责任。

虽然去集中化、去时空界限的生产和经营能够高效灵活地应对市场需求的多样化和多变性，最大程度提高生产效率，但与之相对应，劳动用工形式也变得非常自由和灵活。劳动者不再被大规模集中在固定的生产和经营场所，他们或者以任务为中心被临时雇佣，或者可以在分散的工作地点，通过平台来进行小规模的组织协作。

平台企业与劳动者之间形成一种弱契约。平台声称，它和劳动者不是正式雇佣关系，它只是一个生产和交易的中介，只是按照客户要求负责派工，一般根据任务数量来计酬，因而不必负担劳动力更多的再生产费用，例如三险一金或再教育、培训费用，从而大大压缩了劳动力成本。劳动者表面上来去自由、工作自由，同时也从稳定的、拥有福利保障的合同工变为朝不保夕的临时雇工、短期雇工，劳动过程和劳动方式都出现了个人化、去组织化，劳动者之间的联系非常松散、不固定。这样就消解了传统的劳资集体谈判、集体合同制度，乃至使工人阶级的集体抗争变得异常困难。新自由主义的国家治理模式正是与这种新的劳动生产方式相适应，都旨在为资本"解绑""减负"，使资本利润最大化、责任最小化。

与此同时，数字技术将对劳动过程的管理发展为全面的、无时无刻的监控。例如，平台工人面临着平台、消费者、商家的多重监管，每一个工作环节都被严格的规则和要求所约束，每一次工作时间都被系统的算法精确化。整个监控体系高度智能化，工人无须遭遇一个个具体的管理者，系统自动进行奖惩，企业主则消失和隐藏在智能化系统的后面。也就是说，就算工人对企业不满，也找不到具体的发泄和针对对象。相反，工人的工作完成度跟商家出货时间有关，工人的报酬与消费者评价挂钩。这样工人与平台资本家之间的矛盾，就被转化为工人与商家和消费者的矛盾。在严酷、高强度的监控下，工人阶级的劳动和社会生活全面异化了。

此外，在信息—通信革命条件下，还发展起了为资本主义辩护的意识形态。层出不穷的传播媒介（例如社交媒体、电子商务平台、时事新闻网页）使广告营销无孔不入，更深地渗透进了我们的日常生活；各种应用程序转变成进一步刺激人们消费欲望的手段，使消费主义变得更为强大；而互联网、虚拟现实技术则使人们沉醉于虚拟世界的快感当中，逃避现实矛盾。

这就是为什么20世纪（尤其是二战后）的西方左翼知识分子热衷于批判发达工业社会中技术和机器对人（劳动者）的异化和统治，批判工人阶级在新技术条件下革命意志衰退。但是，正如我们知道的，不是技术和机器本身，而是资产阶级对技术和机器的应用造成了这样的结果。因此，"要学会把机器和机器的资本主义应用区别开来"[1]。

二、技术—产业革命的启动：金融资本的生产性积累

金融巨头J. P. 摩根有一个信条："谁掌握了未来经济的支柱，谁才是未来金融界的真正霸主。"这句话说明占据产业制高点对

---

[1] 《马克思恩格斯文集》第五卷，北京：人民出版社2009年版，第493页。

金融资本来说至关重要，但也可以反过来说明，金融资本对于产业制高点同样至关重要。

金融资本家手握巨量资金（无论他通过何种方式将这些资金聚集起来），他存在的意义和动力在于使手中的钱"生出"更多的钱，这就需要不停地寻找一切有利可图的投资机会。在现有的产业形态下，中低风险的投资机会已逐渐减少，金融资本会越来越倾向于去尝试高风险的投资，包括投资那些还没成长起来甚至还未成形，但可能蕴含着巨大市场潜力的产业或商业模式。

高风险的另一面是高回报。投资本身就摆脱不了风险，对于高风险投资，金融资本家有可能投资失败，乃至血本无归。但是一旦成功，尤其是使投资的新兴产业崛起为支柱性产业，那么金融资本家将凭借对支柱产业的垄断，控制国民经济的命脉，并获得无可比拟的垄断利润。

无论如何，在既定的经济模式中，产业的发展趋势往往是不甚明朗的，产业的未来价值与科技变革的方向紧密联系在一起，并在某种程度上由后者来决定产业的发展趋势。新的产业或商业模式的成长，正如我们一直提示的，其基础是技术的变革和创新。因此，金融资本关心技术创新和技术进步，从而通过资助技术创新来资助企业、产业成长与发展。这恰恰是金融资本的生产性积累的重要内容。

技术创新和技术进步对于金融资本意味着什么样的利润空间呢？具体来说，首先，如果采用新技术的企业或产业能够更有效地提高劳动生产率，或者凭借技术专利来收取垄断租金，那么作为投资者的金融资本毋庸置疑会享受到其所带来的超额利润，或对超额利润的垄断。

其次，技术创新型企业一旦成功挂牌上市，其发行的有价证券可以在二级市场上交易，那么金融资本就能够将对其投资所获得的超额利润证券化，即把手中股权转化为股票，并将翻倍增殖的股票卖出，获得高额创业利润。因此，金融资本控制的投资机构瞄准的被投资公司的未来价值，很多时候指的是后者的上市机会，及建立在此基础上的公司有价证券的估值即市盈率。从这里也可以看出，投资和投机往往是一个过程的两个方面。

当然，金融资本会事先审慎地评估一项技术应用（主要指的是商业化应用）的前景，再来决定是否注资支持技术创新活动，这里面仍然有冒险、赌博的因素。但是也只有金融资本才愿意去承受并且承受得起冒险活动失败导致的巨额财富损失。

从创新者的角度来看，科学的重大发现、一项技术的发明与创造，都不一定与资本主义或资本相关。但是，如果想要将技术发明转化为商业上的成功，换而言之，如果把创新活动看作会带来丰厚利润的一棵"摇钱树"的话，那么企业或创新者个人将技术发明快速应用于生产经营，以及实现大规模的商业化，是离不开一定的对外融资的。

巨型公司通常有自己的研发资金，它们的创新活动较少依赖外部的资金支持。而那些希望利用技术创新来发起创业活动，启动一个公司的创业者，或者那些正在成长中，需要利用创新来进一步扩大生产和经营规模的中小企业，却由于缺乏自有资金，不得不去千方百计地寻求和吸引投资者们——金融资本家的注意。

创新活动所需的外部资金一般很少来自商业银行，因为商业银行的信贷审核严格，为控制风险通常要求资产抵押；而如果不是上市公司，也不可能在二级市场上公开筹措资金。在一般企业的创新活动方面，最有可能注入资本的是那些具有一定实力，并敢于大胆一搏的私人投资者或机构投资者。

根据所投资的企业及项目的不同发展阶段，产生了不同的投资方式，例如在企业初创或项目的种子期进行的天使投资、在企业或项目的早期和成长期进行的风险投资、在企业或项目的成熟期进行的私募股权投资等等。但是在这里，无论信用制度以何种具体形式发挥作用，都表明金融资本对技术创新成果的商业化应用和扩散具有关键性的作用。

那么，金融资本是如何启动一轮技术—产业革命的呢？

技术创新在各个层面都能进行，比如改进现有的技术应用，尝试采用新工艺，研制新产品，运用新材料，形成新的管理技术，乃至实现基础技术或关键技术的突破。但是对于技术—产业革命的诞生来说，则不是指单独一项技术的突破，也不是指某一产业部门的崛起，而是指整个技术体系和产业结构的根本性变革。

每一时代都存在着一定的技术体系，在这一体系中同时有许多技术在产生和发展。它们之中，总有一项技术或一群技术是在该体系中处于核心和主导的位置，代表着该时代技术发展的主流和趋势，决定着该时代生产的技术基础和性质。因此，技术革命以主导技术或主导技术群的转换为标志。

例如，第一次技术—产业革命的主导技术群有工作机、传送机、蒸汽机、铁路等；第二次技术—产业革命的主导技术群包括电机、输电网、无线电通信、内燃机、汽车等；第三次技术—产业革命的主导技术群包括计算机、半导体技术、微电子技术、远程通信、互联网等。这些技术之间是有机的相互联系的关系。因此，引起技术—产业革命的技术创新是群涌而出、连续不断地形成浪潮的现象，从而带来了若干新兴产业，造就新的产业集群。

但一轮技术—产业革命的完成并不等于产业革命同时结束，后者持续的时间更长，因为它包含着更丰富的内容。产业革命不光导致了新的产业结构和生产—劳动形态，也使旧的核心产业部门在新技术条件下得到改造和重焕活力。

在一轮技术—产业革命激发的经济增长模式发展后期，经济增长的潜力逐渐耗尽，在大部分产业部门中，投资已经饱和乃至严重过剩，致使产业的平均利润率不断下降，即本节开头所说的中低风险投资机会减少，甚至无利可获。金融资本便陆续从这些产业部门撤出，变成多余的、闲置的货币资本。这类渐渐增多的资本要么转战纯粹的投机市场，要么探索着去发掘未来竞争力可期的产业或新的经济增长点，而向更遥远的地域和国家扩张。

在利润增长的天花板已经清晰可见时，大量潜伏的技术创新欲望则被激发了出来。而在这之前，孤立的、单独的、个别的技术发明就一直存在着，只不过可能无人问津，或被大企业收购却没有充分利用。当然，大企业内部也有自己的创新活动。但是，由于大企业（尤其是垄断企业）本身是现有产业形态和经济增长模式的既得利益者，在突破旧的制度框架方面存在一定的保守性，其技术创新或对创新的投资很多时候局限在为其产品和工艺找到现有框架内的解决方案，因此，大企业对重大技术创新通常也只会进行微小的运用。

然而，到了经济增长模式的后期，大企业为克服利润增长障碍进行的技术创新（包括对技术发明的充分利用）也明显增多了起来。加上同一时期，具有新理念新技术的创业者的出现，早已产生但之前被边缘化的技术发明的设计者对技术的更新和改造——这几股动力汇聚在了一起，导致了技术创新的浪潮。

如前所述，金融资本（以风险资本的形式）在旧经济模式的后期已越来越多地介入了创新活动，包括资助创新企业的成立、新技术的开发和应用。这些活动得到融资后更快速地发展起来，原先受到阻滞的技术发明也不断尝试着被引入生产和经营。新的产业逐渐崛起，新的商业模式初露头角，利润增长的空间重新出现，由此又吸引到更多的资本流入，反过来则催生出进一步的技术创新和应用。各种新技术相互联系起来，重大的技术创新成批出现。技术创新与投资出现了相互强化的正向反馈过程。

因此，这一时期既是金融资本大力滋养新技术、新产业土壤之时，也是产业资本大展宏图的阶段。新技术形态和技术体系为新的产品、新的工艺、新的服务、新的管理开辟了无比广阔的前景，并为原有产业部门的复兴提供了重要的时代机遇。

虽然此时新技术、新产业的陆续涌现还处在旧的经济—产业形态主导框架下，但同时，旧产业、旧经济的增长模式也在加速衰落。采用新技术的企业由于劳动生产率提高，加剧了市场上的竞争。而按照旧的模式、依靠渐渐过时的设备和生产线生产经营的产业资本家（尤其是中小企业家）尽管已经在竞争中处于下风，却不能自由和顺利转移投资，因为他的绝大部分资金被沉淀和禁锢在机器设备这一"死"的生产资料即固定资本上。随着新技术—产业革命的不断临近，这些资本还加速贬值。为了尽量弥补日益难以回收的成本，企业主只能一边加大生产量，一边降低商品价格。这样一来，又加剧了社会原本已经存在的生产过剩和商品过剩，企业利润也向负增长滑落，致使旧产业和旧企业陷入经济危机中，企业破产或缩减生产规模、裁员相继出现。这就是在新技术浪潮下，市场对旧的生产技术和生产模式的加速淘汰。

一方面，我们从前述涉及的经济史也可看出，资本主义社会在每一次技术—产业革命来临之时，都是深陷严重的经济危机的。例如第二次技术—产业革命爆发的19世纪末，整个西方世界都处在1873—1893年的长期萧条中；第三次技术—产业革命在20世纪70年代产生，当时大多数资本主义国家正饱受着"滞胀"的折磨。经济危机是对旧的技术—产业形态和经济增长模式的严重冲击，大量金融资本从旧产业部门撤离本身就是经济危机的一部分，它衔接着经济危机与新技术—产业革命。

另一方面，对新兴领域疯狂和密集地投资也产生了多米诺骨牌效应，溢出和蔓延到关联技术领域（例如基础设施领域、基础能源和材料领域），使动力机、基础能源和材料，以及基础设施的技术革新结合起来，组成新的技术群和产业集群，这样才能成为一次真正的技术—产业革命的关键组成部分。而在不断激烈的竞争压力下，又有越来越多的企业和生产部门采用新的技术和新的生产组织和管理模式。那些在经济危机中侥幸存活的企业为了淘汰落后产能，恢复利润增长，要引进新技术和新设备，更新固定资本，又不得不加入了对金融机构的融资依赖。金融资本则由此将更多的企业推上新技术—产业形态的轨道。

在这些因素的共同推动下，新的事物就变得更为强大，对新技术的运用日益成为常识和经济活动展开的基础。技术体系的主导群出现了更替，从而产业形态也出现了相应的巨大变革，新的产业组织、产业结构出现了，形成爆炸性的力量，突破了旧的技术—产业形态框架，这表明又一轮技术—产业革命到来。

当然前文也提到，奠定技术—产业革命的那些重要基础，包括重大的技术和产业革新，以及大型基础设施的建设和更新，其支持的来源不一定都是私人金融资本。相反，国家一直是这方面颇为强大的力量。例如，电子工业在20世纪20年代已出现，半导体、计算机技术在20世纪50年代就发挥作用，它们都出自由国家资助的研发活动。19世纪中后期的铁路大建设，即便在政府支持力度最小的美国，也有将近一半的融资由政府提供。而在德国、日本、俄国这样的资本主义后发国家，产业革命的科技不变早期发展更是基本由国家来主导。但是，在有史以来的三次科技—产业革命尤其是第三次技术—产业革命中，金融资本仍然是最为活跃的推动力量，这与金融业自身的技术属性有关。

三、信息—通信革命的社会形塑：金融资本新一轮权力膨胀

谈到技术—产业革命，与我们最息息相关的无疑是第三次技术—产业革命，即信息—通信技术革命。当前我们身处于这一方兴未艾的革命浪潮的新阶段：移动通信和电子支付已经无处不在；各种类型的平台成为大部分人经济社会活动（包括社交、娱乐、购物、信贷、学习乃至工作）的中介和场所；云存储技术记录着我们日常发生的一切，形成大数据，成为规划人们的行为和秩序以及人们认知世界的基础；数字化智能化应用场景日益增多；互联网——从计算机网络到移动网络——正在向5G时代万物互联的物联网跃进。总而言之，通信网络和数据已经不仅仅是辅助性的工具，而是高度渗透于社会生活的方方面面，并成为经济发展的引擎和基础设施。

正因为如此，许多人产生了一种感觉：仿佛今天的资本主义是由信息资本或数字资本来主宰的，我们已经从金融资本主义进入了所谓的"信息资本主义"或"数字资本主义"。尽管这种观点目前颇为流行，但不得不说它是似是而非的。

关于信息和知识的重要性，不可否认，"信息资本主义"之类的概念意在凸显信息（或大数据、知识）在当前经济社会生活

中前所未有的基础性地位。但是，信息和知识也从来都是劳动过程中不可或缺的因素。人类的存在和发展不单单是与大自然进行物质和能量的交换，同时还进行信息的交换。比如在古代社会，人们会根据大自然表现出来的气候特征，获取气候的信息，形成关于气候的知识（如节气、时令），以此来安排农业生产活动。

信息技术的革命性变革也并非首次。在整个人类历史上，截至目前一共出现了五次信息技术革命。第一次信息技术革命是语言的产生和使用，发生在大约距今5万—3.5万年前。第二次信息技术革命是文字的创造，发生在公元前3500年左右。第三次信息技术革命是造纸术和印刷术的发明，发生在公元105年左右，东汉蔡伦探索出了最早的造纸工艺流程；而约公元1040年，中国开始使用活字印刷术，比欧洲早400多年。第四次信息技术革命发生于19世纪末和20世纪早期，是电报、电话和广播电视的发明与普及应用。当下的信息技术革命属于第五次信息技术革命，标志是电子计算机和现代通信技术（卫星通信）的结合。它不单是信息传输技术的发展，更是信息记录、存储、分析和处理技术的发展。可以说，每一次信息技术革命都会带来人类社会生产生活的巨大变革。

如前所述，生产的技术基础、生产—劳动形态、劳动的组织管理模式这三者之间存在区别和递进关系。问题的关键不在于由技术基础改变必然引起的生产—劳动形态本身的变化，而在于生产劳动由哪个阶级来组织、经营和管理，劳动资料和劳动成果由哪个阶级来占有、控制和分配。这些表示生产关系的所有制和劳资关系的内容正是集中体现在劳动的组织管理模式上。

打个比方，机器生产必然导致现代大工业和工厂协作制，因此生产—劳动形态这种客观上的变化，同样存在于致力于实现社会主义现代化的社会主义国家，但这不必然意味着社会主义的机器大工业会采用福特制的组织管理模式。因而决定社会发展根本属性的不是机器大工业和工厂协作，而是主导生产劳动过程的阶级或利益集团。

照此来看，数字化生产、信息化生产等诸如此类说法，更多的只是表示资本主义某个阶段生产的技术基础和生产—劳动形态发生了变化，类似农业生产、大机器生产等。且数字资本主义、信息资本主义和金融资本主义也不是同一层级的概念。在金融资本主义的大历史阶段，前两者的含义不过说明当代金融资本主义是高度数字化、信息化的。

观察当代资本主义有多种维度。"信息资本主义"反映的只是当代资本主义的一个侧面，并非总体的特征和属性，因为我们同样可以称呼当代资本主义为"文化资本主义""监控资本主义""生态资本主义"等等不一而足。相反我们会看到，无论是信息—通信产业还是信息资本、数字资本，都如工业或商业的跨国公司一样，是由金融资本所有或掌控的。

虽然信息和知识对社会生产的重要作用从来毋庸置疑，虽然第五次信息技术革命的发生在人类文明史上的意义并非无可比拟，但它将信息提升为社会经济活动的基础性资源，有其深刻的含义。那就是，由此导致的所谓"信息化社会"的到来，不仅仅标志着人类技术文明和生产文明更高层次的发展，同时也标志金融资本新的积累阶段和又一轮权力膨胀。为什么这么说呢？抛开金融资本通过支持每一轮技术—产业革命实现财富积累的周期性发展动因，这还要从金融自身的技术属性说起。

什么是金融？从纯粹的技术角度通俗地讲，金融就是关于未来收入的契约。借款、放贷、财务规划等，无不关系到对未来的预估。这里包含了时间的维度，即针对未来的投资判断要经受时间的考验。而未来具有不确定性，预期的收益必须通过严谨的数学计算来确定，用量化的时间来表达，例如，年/月/日收益率、年/月利率。

投资前景的不确定性越强，涉及的因素越多，为了尽可能降低风险，实现金融交易者所需的预测精准度，对资产和企业的估值就需要参考更多的数据和信息。例如，19世纪在围绕早期铁路的投资中，为了制定债券利率，产生了收集和传播某一行业财务和经营数据的首次重大尝试。

与此同时，货币的充分流动性、金融工具的高度抽象化，导致财富的转移只在瞬息之间。证券交易所里数字的每一次微小变动，都代表着大笔财富的变动。为了抓住其中稍纵即逝的机会，同样离不开对相关信息的大量搜集，以及及时和充分的掌握，以便能够正确调整投资方向。

我们经常听到这样一个故事：罗斯柴尔德家族在1815年的滑铁卢战役中通过操纵英国公债——先卖空后买空——实现了一夜暴富，并由此成为英国政府的最大债权人，这与他建立遍布欧洲大陆的战略情报网，从而预知了拿破仑军队的败局密不可分。假如把罗斯柴尔德家族用来传送情报的马匹和快船换成今天的电脑和通信，那么金融交易又将操纵多少信息？向全世界传送这些信息又会有多迅捷？

可以说，金融也意味着利用信息的时间差来牟利，天然与信息挂钩，且依赖通信技术的发展。信息和通信设备是金融的生命元素，是须臾难离的空气，它们用来促进或增强资本的流动性和安全性，提高银行、货币、信贷等领域交易的速度和频次，从而带来财富更迅速地增长。正因为如此，金融业也是最早和最大胆地采用信息—通信技术产品和服务的行业。

信息—通信技术革命中的每一次重大成果都使金融基础设

施和金融交易工具得到升级和更新。19世纪早中期，银行是铁路、电报和廉价邮政的最早客户之一。19世纪下半叶当家庭电话还未普及，伦敦的金融家就依赖海底电缆和电话与纽约的股票经纪人联系，使他们在喝早茶的工夫也能了解到大西洋彼岸的市场变化。20世纪50年代，美国银行业开始应用计算机来处理数据。而20世纪60年代，西方银行业就广泛使用了各种电子资金转账系统。1995年互联网刚刚兴起，美国已出现摒弃传统银行经营网点的网络银行，这是最早的虚拟银行，标志着金融开始进入资讯网络时代。互联网和数字化技术极大地促进了金融工具的创新，使交易和融资的渠道及范围大为拓宽，同时也带来了金融衍生品泛滥、大规模网络金融欺诈和包装在金融工具中的债务的全球化。

所有这些信息－通信技术又是形成全国性、国际性、全球性金融网络的必要物质前提。如果说19世纪末，交通和信息通信技术的革命性发展，使欧洲和北美股票市场的联通、西方大银行设立遍及各大洲的营业网点，并且对殖民地和附属国进行债务掠夺变得轻而易举，那么在第五次信息技术革命中，我们可以看到，通过电脑中事先设置的程序、由信息秒速传播导致的屏幕上的价格曲线、键盘的敲击，在伦敦、巴黎、法兰克福、纽约、中国香港等各大国际金融中心涌动的海量资金被整合成了一个高度一体化的全球金融资本。网络通信的无边界性和信息的即时通达，使这个全球金融资本拥有前所未有广阔的地域和领域渗透力与控制力。转瞬之间，就能完成从北美洲到南美洲，从欧洲到亚洲或从大洋洲到非洲的金融交易，将全球关键性的银行、资本市场和产业联结起来，产生一荣俱荣一损俱损的巨大影响。

可以说，此次信息—通信革命对资本主义的最重要作用，是塑造了更广泛的全球性的资本主义经济。因为它帮助实现了20世纪下半叶全球金融市场的一体化和金融资本的全球化，从而导致金融资本权力在全球新一轮的扩张。而没有金融资本的全球化，就谈不上经济全球化。

金融资本启动了技术—产业革命，这话同样适用于信息—通信革命。再加上自身存在和发展对信息—通信技术的偏好和依赖，金融资本成为第三次技术—产业革命更狂热的推动力。金融资本对技术创新及其成果商业化的支持，也体现在对信息—通信技术及其产业的支持上。

20世纪六七十年代，美国风险资本就开始对硅谷的计算机和电子行业的初创公司进行大量的投资。其中，红杉资本作为全球最有实力的风险投资的机构投资者，投资了超过350家新科技公司，包括思科、甲骨文、谷歌、雅虎等公司，占其投资企业总数的70%以上，上市公司占纳斯达克上市公司总数的20%以上。

乔布斯1976年为创办苹果公司到处融资时，最早的投资者当中就包括红杉资本、洛克菲勒家族的Venrock基金和仙童基金，红杉资本的创始人还出任苹果公司的董事。可以说，硅谷崛起为全球首屈一指的电子工业和信息产业科技园区，离不开背后美国金融集团及其代理人的扶持。

然而也如前所述，金融资本关心信息一通信技术进步，是为了控制新技术企业和产业，利用技术创新和企业来牟取创业利润和垄断利润。例如，红杉资本帮助创立思科，同时也拥有思科30%的原始股权以及人事管理权。1990年思科成功上市后，红杉资本就获得了上百倍的回报。2011年DST和高盛对脸书（Facebook）投资时，估值为500亿美元，2012年脸书上市后估值达到1000亿美元，投资人拿到了丰厚的投资收益。

我们说过，信息一通信革命自20世纪80年代开始，带来了资本主义世界新一轮的经济增长，所谓的"知识经济"和"网络经济"成为其中最具代表性的词汇。但我们常常会忽略很重要的另一面，那就是该轮经济增长又是与同一时期新自由主义在全球的推行相呼应的。因此对于信息一通信技术产业来说，电信运营私有化和网络私有化在20世纪八九十年代之间同样达到了前所未有的规模，不仅包括对私人资本放开市场准入和允许网络的私人所有权，而且允许越来越多的互操作企业网络以私有线路为基础。从信息—电信业最发达的美国、西欧、日本到广大欠发达国家，情况大体皆如此。[①]尤其是对于后者，国家通信网络实行自由化、私有化并竭力吸引外国投资后，就基本被跨国资本控制了。

在美国，除了军工领域和军事研发的信息—通信技术投资由政府主导外，大银行和金融机构从一开始就成为信息—通信技术的最大投资者，2013年共投资了600亿美元，达到10年中的一个高峰。

我们还提到，信息—通信革命对经济增长的促进，离不开资本全球化的推动作用。因为新崛起的高科技企业面向全球资本市场融资和依托全球产业分工，作为电子商务平台（如亚马逊、天猫国际）背后产业链支撑的中小微型企业同样也面向全球市场。中国顶尖的电子商务公司和线上零售业就充斥着来自美国、日本、新加坡等国的国际机构投资者。例如，阿里巴巴背后是软银、红杉资本和淡马锡，京东背后有老虎基金、高瓴资本，优购网由百丽国际支撑，国美电器背后则有贝恩资本。

但最关键的是，全球数据网络的合作是以跨国公司用户的私有网络为基石来运行的，而不是在政府间的协议框架内运行。这意味着，全球信息通信网络同样由跨国公司来控制，并且几乎完

---

① ［美］丹·席勒：《信息资本主义的兴起与扩张：网络与尼克松时代》，翟秀凤译，北京：北京大学出版社2018年版，第153页。

全不受政府监管。由此给予了跨国巨头以极大的权力，包括那些跨国传媒集团——它们对国际传播媒介的垄断使它们成了一个个"信息制造和传播"帝国。这些权力同样可以转化为跨国公司背后的国际资本集团支配全球政治经济的权力。

因此，综合国内国际层面来看，信息—通信技术、通信系统、媒介（或信息产品）的生产和传播乃至信息—数字产业，是掌握在金融资本及其代理人手中的。

最重要的是，信息—通信技术的发展打通了各个产业，实现产业之间的高度联通和一体化整合。比如互联网平台既整合了制造业和零售业，也整合了物流运输业和金融业。举个最简单的例子，一个消费者在网上购物，平台上的商家根据下单向工厂订货；产品出厂后通过物流快递给消费者；如果消费者发现余额不足，便动用平台的信贷系统赊账消费。所有这些行为相互联系，都由一个平台来完成。这就意味着，金融资本只要占有了信息平台，就集中掌握了各类资源，继而可以对产业进行更强的渗透，达到更高程度的控制和垄断。从谷歌到阿里巴巴，各大型平台企业背后的资本巨头当前正是依此行事的。物联网时代的到来，只会使这一发展趋势得到进一步加强。

当然，信息技术革命中蕴含着未来社会解放的手段。例如信息生产、知识生产更强调和依赖劳动者的能动性和创造性，有助于确立劳动过程中劳动者的主体地位；信息技术普及到了一切部门的活动，促使脑体分工走向消亡；自动化智能化系统使人摆脱沉重的体力劳动，缩短人的劳动时间，有利于增加自由发展的时间等等。但正如前文已经阐明的，信息技术依赖于金融资本开发和启动其革命，决定了它必然要服从逐利的资本逻辑。资本主义制度下的技术革命更多转化为资本加深对劳动控制，加重对劳动者剥削，从而扩大自身权力的手段。用马克思的话说，技术进步本身会"创造了新动机，使资本增强了对他人劳动的贪欲"①。因此，技术革命不会自动和必然带来社会解放，除非劳动者通过抗争，夺回技术革命的控制权和主导权。换而言之，社会解放归根结底依靠的还是无产阶级取得反资本主义的阶级斗争和革命的胜利。

本章小结

技术—产业革命与资本主义的关系是马克思主义关于生产力与生产关系基本原理在资本主义社会中的具体体现。首先，由技术革命引起的生产技术基础的改变直接决定了生产—劳动形态的改变，又通过生产—劳动形态间接影响了资本主义劳动组织和管理模式的改变；而资产阶级通过改造生产过程中的劳动组织和

---

① 《马克思恩格斯文集》第五卷，北京：人民出版社2009年版，第463页。

管理模式，反过来推动技术革命成果的应用和生产力的发展，使资本主义的生命力得到延续。这反映了生产力决定生产关系，生产关系反作用于生产力。

其次，资产阶级通过技术—产业革命促进生产力发展，包括金融资本利用技术创新，启动技术—产业革命，是为了追求剩余价值最大化和利润率的增长，这说明生产力的发展并非纯粹中性、无目的、无主体的。相反，劳动者是生产力的主体，资本主义条件下，生产力归资产阶级所有。不能离开生产关系来谈生产力，生产力和生产关系不是相互独立、相互分割的两种事物，而是同一个社会生产过程的两个方面。资产阶级采用技术革命，既是提高劳动生产率的过程，又是压榨和管控劳动者的过程。因此，生产力总是在一定生产关系中存在和发展的生产力，而生产关系是在一定生产力基础上运行的生产关系。

金融资本对技术—产业革命的占有和利用，实现了一轮又一轮的财富积累和权力膨胀，这说明技术发展和技术革命是有两面性的。这又把我们带回到资本主义灭亡需要客观条件和主观条件相结合的根本性问题上。

第五章

系统性危机

——当代资本主义的现实困境

我们已经了解到，技术—产业革命如何解放了资本主义社会的生产力，让资本主义一次又一次焕发活力。但是，技术—产业革命对资本主义的续命不是一劳永逸的，不会永久地持续下去。

每一轮技术—产业革命的内在动力总会走向衰竭，因为它的内在动力就是资本榨取利润。这驱使着生产和经营不顾一切，盲目地追求扩张。无论是17、18世纪的棉纺织业，19世纪的大型冶金公司及随后的钢铁公司、电气公司和汽车公司，还是20世纪的计算机和电讯传输集团，乃至21世纪的互联网"大厂"，都遵循着这一逻辑。因而也遭遇到同样的逻辑发展结果，即不管生产提升到何种程度，最终都会走向饱和。尤其是在贫富差距导致的消费能力不平等分配作用下，走向竞争的僵持，从而利润率下降，生产停滞，企业裁员，爆发经济危机。然后要求寻找新的市场，引进新的工序，开发新的产品，直至下一轮技术—产业革命能够到来，开启新的经济增长阶段。但是，新的技术—产业革命不必然总是会到来。

可以预见，即将到来的第四次技术—产业革命，即人工智能或生物技术革命，同样逃不开这一结局。人工智能对人力大规模替代，无人工厂普遍出现，意味着生产线彻底不需要人的劳动了，大量的人就会失去工作，从而没有收入，同时也就不能消费。不能消费，资本家的产品就卖不出去，然后大量商品堆积，资本家破产，出现经济危机。

从中也产生了技术—产业革命的悖论：它越使资本主义生产的潜力得到释放，就越容易造成生产过剩，从而引发经济危机，破坏社会生产力。因此，技术革命拯救不了资本主义，只能延缓其终结的命运。或者可以说，无论是否有技术革命，资本主义自身都存在发展极限。这是由资本主义的基本矛盾，即生产的社会化与资本主义私人占有制之间的矛盾决定的。经济危机是资本主义基本矛盾的集中反映。资本主义的基本矛盾决定了它的生产方式必须和注定要被取代。

但是，任何重大的、根本性的社会变革又必定是系统性的，对于推翻资本主义制度的革命同样如此。由此也意味着，革命是从社会的系统性危机，即我们所说的"全面危机"中产生的。系统性危机是当前在资本主义世界体系中正在不断发展的危机。它由社会各个方面的危机交织、渗透在一起，各个方面的危机又构成它的组成部分。系统性危机对于探讨当代资本主义的未来走向极其重要。首先，需要探讨的是构成资本主义系统性危机基础的经济危机。

一、经济危机：当代资本主义的根本危机

我们都知道，资本主义的基本矛盾是资本主义社会一切矛盾和冲突的根源。当资本主义基本矛盾达到尖锐化的程度，不可避免会爆发资本主义经济危机。经济危机的典型表现是市场上商品普遍过剩，卖不出去，导致生产力迅速下降，生产资料大规模闲置，信用关系遭到破坏，社会负债率急剧上升，生产企业、商店、银行纷纷破产倒闭，大批劳动者失业。

经济危机从本质上来说，犹如资本主义异常的免疫反应，为了继续维持资本主义机体的正常运作，通过过强的应答来导致其机体受到损伤。因为它以社会资源的巨大浪费和社会生产的严重破坏为代价，才得以将资本主义原本扭曲失调的生产，重新调整回合乎社会需求的轨道，实现二者的再度平衡。

总而言之，经济危机既是资本主义基本矛盾尖锐化的产物，又使这一矛盾得到强制性的、暂时的缓解。在此意义上，经济危机在资本主义社会中不可能得到消除。相反，它伴随着资本主义生产方式的发展始末，每隔一段时间就要爆发，使社会生产也出现周期性，形成一定的商业周期，即由危机、萧条、复苏和高涨四个阶段组成的经济发展周期。

经济危机往往是从金融领域开始的，表现为由企业或居民的

债务违约引起的整个信用系统的崩溃。因为在经济繁荣时期，商业和生产会盲目追求扩大规模，乃至为此拼命去借债，而银行等金融机构也乐于从资本贷出中收获利息和利润的增殖，于是不断增加信用，投机也由此盛行。当生产开始过剩时，市场并不能一下子反映出来，企业还在继续生产，直到商品逐渐卖不出去，或不得不降价销售，同时库存不断积压，资金回流速度就变慢，甚至无法回流。这不仅意味着商家和工厂主的利润实现不了了，而且还出现了亏本，从而导致要么不能按时支付到期的债务，要么完全没有能力支付债务。经销商欠工厂主的货款，下游企业欠上游企业的货款，企业又欠银行的钱，而银行也有可能欠其他银行或投资者的钱。债务链条就这样一环套着一环，其中一节断裂，就会引起链条上其他环节的相继断裂，使生产和消费完全陷入停滞。因此，金融危机通常是一次经济危机的征兆或先导。

经济危机又不仅仅局限在经济领域，它同时也会对社会、政治、文化、生态等方面造成一定的影响。当经济危机与其他领域的危机交织在一起，就形成资本主义的系统性危机。经济危机是系统性危机的主要方面，是引起其他领域的危机的基础，从而也是资本主义社会的根本性危机。

经济危机的规模有大有小。应当说，普通的周期性商业危机无疑会起到暂时缓解资本主义根本矛盾的作用，但是经济危机不止这一类型。在20世纪的国家干预主义建立起对资本主义的一系列外在调节机制，包括用减税和增加财政开支来减缓危机冲击之后，经济危机的形态有所改变。危机的烈度降低，危机的时间缩短，但是陷于停滞和萧条的时间却相对延长了。

政府的反危机措施并没有消除危机，只是将下一次危机的爆发时间推迟延后。可是这种推迟延后，往往使社会经济矛盾更多地积累起来。然而不管社会经济矛盾由于何种原因积累，最终都会集中爆发，即带来一次非周期性因素决定的、规模很大的、破坏性非常强的经济危机，并由于停滞和萧条的时间延长变成了长期性的危机。

长期性危机的典型表现不是生产相对过剩，而是整个产业利润率长期趋于下降，无论是投资还是消费都明显疲软，百业萧条。在此过程中，还会爆发几次大小不一的经济危机。因而危机必会传导到上层建筑，加剧社会其他方面的矛盾和冲突，从而更容易造成资本主义的系统性危机。这样的经济危机也通常出现于历史转折的节点，例如1929—1933年的世界经济危机和大萧条、20世纪七十年代的滞胀危机、2007—2008年的全球金融危机。

20世纪下半叶之后，在金融资本、新自由主义、全球化这几个因素的相互交织作用下，当代资本主义的经济危机具有了更强的渗透性、破坏性和多样性。

　　新自由主义的治理在各国推行，使金融资本摆脱了政府对它的严格监管和制约，食利性增强，滥发货币、做空期货、恶意套汇、制造债务陷阱等金融掠夺行为成为常态。尤其是西方国家和国际金融机构，威逼利诱发展中国家和新兴市场国家实行金融开放政策，包括汇率自由化和开放资本项目，让后者成为金融资本寡头进行国际金融掠夺的重要围猎场。全球金融市场和金融格局由此更易波动，不稳定状态加剧，诱发金融危机和经济危机的可能性大大提高。这就是为什么20世纪下半叶以来，金融危机总是频频发生。

　　金融资本增强了对整个社会的支配和垄断权力，并通过全球化的不平等分工机制，将权力触角伸向世界各个角落。而资本主义的生产方式和金融资本的积累过程向全球空间扩展和蔓延的同时，也使资本主义的内在矛盾在世界范围内普遍展开，并得到充分的激化。正是在全球化的效应下，资本主义经济危机产生了前所未有的全球共振性，波及的区域和范围更广，程度更深。

　　20世纪80年代的拉美债务危机和美国储蓄贷款危机、20世纪90年代的墨西哥金融危机和亚洲金融风暴，都是其中影响较大的金融危机。而2007—2008年爆发的全球金融—经济危机则是距离我们最近，同时也是自20世纪30年代大萧条之后规模最大的经济危机。

　　2008年经济危机是由2007年的美国次贷危机发展而来的。

2001年，美国互联网新经济泡沫破裂后，房地产成为刺激经济增长的新支柱产业。为鼓励居民买房，政府大幅度降低利率，银行大幅度降低购房门槛，哪怕没有固定收入的群体也可以贷款买房。这种向收入不高、信用程度较差的借款人提供的贷款就叫作次级抵押贷款（简称"次贷"）。

贷款买房者把住房抵押给银行，同时由于买房人数大量增加，房地产市场火爆，房价不断上涨，银行并不担心贷款者无法还钱。如果后者违约，银行可以收回房子，将其拍卖补偿贷款损失。但为了分散次贷的风险，贷款银行把这些贷款合在一起，做成了一款理财产品叫抵押贷款证券（CDO），打包兜售给各类投资者。

CDO由一些投资银行来承销，如果买房者还款，投资银行就将这笔款返还给购买CDO的投资者，自己则从中收取利息差赚钱。CDO在2000年左右就产生了，但次贷的CDO承诺的回报率更高，投资银行更倾向于次贷，他们资助的评级机构给这款实质上的垃圾债打了AAA的高评级，吸引了众多投资者。不仅如此，为了让投资者放心，美国最大的保险公司美国国际集团（AIG）推出了一款金融衍生品——信用违约互换（CDS），用于给CDO上保险。持有CDO的投资者只要参保，购买CDS产品，一旦CDO状况恶化（无法收回贷款），那么投资者的损失就由AIG来赔偿。这个过程相当于银行通过CDO将贷款风险转嫁给了投资者，然后投资者又通过CDS将风险转移给保险公司。

总之，次贷CDO成为资本市场的抢手货。银行、资产管理公司、保险公司、养老基金、对冲基金等投资机构和个人竞相购买CDO，CDO甚至远销海外，外国银行、主权基金纷纷购入，乃至成为他国的外汇储备。而且为了购买CDO，很多投资者（包括外国政府）还借了高利贷，这样就将风险扩大了几十倍、上百倍并传播到了全球范围。

只要房价还在上涨，那么所有人都会从中受益：贷款购房者获得住房，银行获得贷款利息和售卖CDO的佣金，CDO投资者享受高回报，保险公司获得保证金收益。因此，各方投资者都在赌房价不会下跌，并从这些金融衍生品的疯狂买卖中大发横财，致使住房资产的价格泡沫越吹越大。

但是，一切贪婪的报应来得如此之快。2006年下半年，为了遏制经济过热势头，美联储加息了。加息后房贷暴涨，使买房的人大为减少，房地产市场变得供过于求，房价开始下跌。同时，那些借了次贷的穷人在短期利率升高和房价下跌的冲击下，一下子还不上房款了，出现了大规模违约。银行把回收的住房拿到市场上拍卖，又加剧了房价下跌，这样银行资金链就断裂了，无法偿还靠CDO募集的资金，陷入了大面积亏损，引爆了次贷危机。CDO价格暴跌至一文不值，以及以CDO为基础的CDS价格大幅上涨，保险公司为此要赔付的资金量异常庞大，同样产生了支付危机。

犹如雪崩一样，这个债务链条上的各环，无论是销售还是投资这些产品的投资机构都损失惨重。大量购买这种垃圾债券的美国第四大投资银行——雷曼兄弟公司首先破产倒闭，其他投资机构也纷纷在破产边缘挣扎，其中不乏美林证券、贝尔斯登、AIG这样的华尔街巨头，致使资本市场整体性崩溃，并蔓延到外国投资者和世界其他主要金融市场。美国、日本、西欧等地相继爆发危机，广大发展中国家也受到不同程度的冲击，华尔街的金融危机就演变成世界性的金融危机和经济危机。

这场金融—经济危机的发展趋向也呈现出了新特点。

金融危机引发了西方各国的主权债务危机。在美国，政府动用了大笔财政资金，对华尔街大型金融机构的垃圾债券和有毒资产进行收购，使它们躲过了倒闭的劫难。在欧洲，次贷危机之后，加了几十倍杠杆来购买美国垃圾债券和搞债券的金融衍生品的希腊、意大利、冰岛等国的银行首先发生了危机，政府同样不得不对银行注入大量救助资金，以避免国家陷入经济衰退。尤其是希腊，政府原本就欠了一屁股外债，这样一来，财政赤字愈发严重，更还不起欠德国和法国等欧元区核心国家的钱了，于是主权债券价格一落千丈，不得不宣布国家破产。而德国和法国的大银行不仅借钱放贷，同样借钱搞金融衍生品投机交易，在美国次贷危机和希腊等国债务危机的双重冲击下，也跟着破产，并引起了其他国家银行的连锁反应。政府都要扩大财政开支来救助银行，并通过减税来刺激经济，为此又要增加政府负债。

为应对财政赤字，欧盟各国政府频繁发行国债，以债养债，致使国债水平急剧攀升。在次贷危机之后的3年时间里，西方国家国债占国内生产总值的比重平均上升了30%。当前，很多国家的国债甚至达到二战以来的最高点，形成了经济危机之后，对全球经济发展造成严重影响的主权债务危机。

在债务高压下，西方政府缓和和克服危机的余地已大为缩减。而若要增强政府的行动和治理能力，要么进一步举债，要么增发货币，要么提高税收，这又会激化原本失衡的社会矛盾和冲突，加剧动荡局面。由此也部分造成了危机的第二个后果，即经济长期停滞不前，整体复苏遥遥无期。

从2008年至今的10多年里，世界经济仍然没有走出衰退的阴影。在这期间，西方各国政府刺激经济的常规手段就只是拼命印钞，增加信贷，致使通货膨胀，物价上涨，包括房地产在内的资产价格高涨，并居高不下。政府实质上是用更大的金融泡沫来掩盖前一次金融危机的泡沫。但大众消费依旧疲软，产业投资持续乏力。

2020年，新冠病毒感染开始在世界范围肆虐，使全球进入了大流行时期。在疫情的冲击下，各国人力、物力的流动受到严重阻碍，全球产业链和供应链到处断裂。中东冲突不断、欧洲俄乌战争爆发——这些多点局部热战的出现，同样加剧了能源、资源和粮食生产与供应的紧张，使世界范围的生产和需求之间的矛盾更加突出，出现了自20世纪30年代大萧条以来前所未有的高失业率，经济停滞、通货膨胀和债务危机同时并存，全球金融市场风险性不断增强。这些现象正日益融合为一场更大规模的全球经济衰退的前景图，预示着资本主义系统性危机的扩散和深化。

二、社会与政治危机：当代资本主义的治理危机

2008年的金融—经济危机，正在持续转化为资本主义的社会和政治危机，反映了资本主义国家政府对危机治理的失败。

在此次大危机中，全世界损失惨重，3000万人失业，500万中产阶级被洗劫一空，5000万人重返贫困线。但是，在资本主义国家尤其是发达国家，政府应对危机的措施不仅没有缓和原本的社会阶级矛盾，缩小社会发展鸿沟，反而处处拉大贫富差距，使社会矛盾日益尖锐。

在作为危机发源地的发达国家，政府的纾困资金绝大部分用于挽救金融机构。央行的信贷发行主要发生在金融市场，用来购买投资银行的有毒资产，帮它们降低负债，而不是通过商业银行投放进入实体经济，刺激产业投资和消费。陷入住房抵押贷款困

境的穷人却被剥夺了住房，成为无家可归的流浪者，并在危机中失去了工作收入，没有得到政府的实质性救助。

然而，政府的财政资金是来自以普通民众为主的纳税人的。政府大力救市，实质上是用所有纳税人的钱去帮助富人，让穷人为富人买单，让纳税人为金融资本的投机买单。金融资本家在危机之前的资产价格膨胀中，本来就受益最多，在由于无法遏制的贪婪一手酿成金融危机之后，金融机构的CEO们却没有遭到任何惩罚，即便搞垮了投资银行，仍然能领取到巨额的薪水和退休金。在政府持续朝金融市场注入大量货币、重新托起资产价格后，那些银行家和拥有大量资产的富豪不仅没有因为危机而导致财富缩水，反而能够继续攫取丰厚收益。

此外，政府的救助也主要集中在有限的几家大银行。例如，美国的2500亿美元"收购计划"中，有半数用来帮助花旗、高盛、贝尔斯登等9家银行渡过难关；在英国，苏格兰皇家银行、苏格兰哈利法克斯银行和劳埃德TSB银行这3家银行获得了大部分的救助金。其他中小银行和金融机构则成批地倒闭，或被大银行吞并，这样就促进了银行的集中。大银行由此变得更强大，资产更丰厚，垄断程度更高。也就是说，金融危机不仅没有削弱金融资本和金融寡头，反而进一步增强其实力，巩固其统治地位。

尽管新自由主义的治理放松对金融资本投机行为的监管，实行金融自由化，是造成此次大危机的重要原因，但危机之后，资本主义各国政府仍然继续实施新自由主义政策。为缓和政府的财政危机，政府大幅度削减民众急需的各项社会福利和公共开支，造成社会公共服务境况日益恶化。经济衰退使失业率高的问题没有得到根本扭转，广大劳动者收入大幅度下降，政府的紧缩开支政策则导致底层群众本已所剩无几的福利进一步丧失，私有化、市场化导向的教育改革和医疗改革几乎掏空了中产阶级家庭。普通民众不仅没有享受到金融资本主义经济发展的红利，反而最后被迫承担了发展失败的巨大后果，他们摆脱贫困的机会日渐减少，社会不平等和阶级固化现象在各国都日益严重。这也加剧了资本主义社会普遍的不满和愤怒情绪。

针对新自由主义政策的抗议运动在金融危机之前就已出现，金融危机爆发之后，抗议运动则进一步扩大、蔓延到全球多个国家（包括发展中国家和发达国家）。通常以青年学生为主体，表现为大规模的罢工、罢课、游行示威和骚乱。在西方，法国的工人和青年们抗议限制雇员权利的新劳工法案（2006年），以及政府的养老金改革（2010年）；英国、美国、希腊、意大利、奥地利、西班牙、加拿大等国的学生掀起了反对高等教育改革和削减教育开支的抗议浪潮（2006—2015年）；以色列"帐篷之城"青年运动抗议高房价（2011年）。

2011年9月，美国民众组织了令人瞩目的"占领华尔街"运动，声讨引发金融危机的罪魁祸首华尔街金融高管，表达对大公司、华尔街金融资本和美国两党政治权钱交易的不满，用"1%有、1%治、1%享"的名言揭露了美国社会的本质，启发了全球各地的"占领"运动。而2018年，法国草根阶层发起声势浩大的"黄马甲运动"，反对政府加重劳工和中产阶级税赋，要求财富分配向中下阶层倾斜，又拉开了全球新一轮大规模示威运动的序幕。

在发展中国家，由于全球化进程中资本主义世界体系的多重基本矛盾在这里集中，遭受经济危机的打击更重，社会冲突也表现得更为激烈。从2010年开始，抗议高失业率、物价上涨和政府腐败的"阿拉伯之春"浪潮从突尼斯蔓延到了埃及、叙利亚、也门、伊拉克、利比亚等国，并由此爆发了北非和中东地区大规模流血冲突，甚至导致部分国家政权更迭，社会陷入巨大动荡。南非矿工举行了暴动（2012年），巴西、土耳其、智利等国发生了抗议通货膨胀和物价上涨的骚乱（2013—2019年），印度爆发了全国性的农民抗议运动反对莫迪政府的加强农业市场化的改革（2020年）。

与此同时，伴随着全球化、战乱频发和社会动荡而来的移民问题，使西方社会各阶层、各族群之间的弥合问题日益突出，矛盾和对立加剧，种族骚乱此起彼伏，甚至愈演愈烈，也引发了西方民众对政府关于移民、种族政策和措施的严重不满。

在新自由主义时代，资本主义国家尤其是西方国家的代议制民主，更明显地沦为掌握经济命脉的金融大资产阶级及其政治精英的利益代理工具。他们以"巨型公司大而不能倒""金融市场繁荣是国家经济繁荣的基础"来挟持和绑架国家利益，将手中控制的社会经济权力不断转化成影响和决定公共政策的政治权力，普通民众则基本被排除在国家重大决策之外。多党竞争和博弈往往退化为政党间围绕着政治权力分配，互相倾轧和攻讦掣肘的恶斗。政府和议会（国会）的相互制衡也演变成各干各的，出来问题互相推诿。在经济社会危机深入发展的背景下，资本主义代议制民主制度的这些弊端日益凸显。

因为危机之后，资本主义社会各阶层之间的鸿沟拉大，财富分配的"零和游戏"愈演愈烈，社会利益更加多元化，各个政党之间的理念和政策分歧也加大，导致国家政治中的党派斗争不断向极化发展。在美国，21世纪以来的多数时候，民主党和共和党两党分别占据着白宫和国会（众议、参议两院）的主导权力，总统和国会以及国会内部两党之间相互拆台，为了反对而反对，变成了所谓的"否决政治"。例如，作为民主党人的总统提出的预算法案，往往遭到共和党主导的参议院的否决；反之亦然。在世界其他地方，议会斗争导致许多国家（如意大利、比利时、英国、日本、印度）政府更迭频繁，甚至长时间停摆。

激烈的党争使行政运行成本过高，行政效率低下。围绕着医疗、税改、移民、教育、基建等民生问题的各项议案通常难以通过。即便获得通过，由于政府财政捉襟见肘，执行也大打折扣，从而无法及时、有效地回应危机时代民众的普遍希求。

既然不能在议会内部就重要政治议题达成共识，执政党干脆动不动诉诸全民公投，将政府难以解决的问题外部化、社会化，继而造成更大的政治纷争和社会分裂。因为一旦裹挟进更多的民意，涉及更多的利益群体参与，为了让自己的意见占上风，普通民众在各方利益群体主导者的鼓噪和挑拨下，相互之间就会加剧对立。公投往往成为民众对现状表达不满的一个平台，而非经过全面思考切身利益，理性权衡利弊的结果。

另外，公投的议题也是经过专门挑选的。真正对民众有利的议案，诸如是否增加社会福利，是否对富豪增税，是否限制金融资产，是否反对侵略战争，通常是难以进入公投的。而上了公投台面的极端议题非但不能弥合民意，凝聚社会共识，反而进一步撕裂民意，激化社会矛盾。在这种情况下，公投无非反映了执政党和议会推卸责任，片面维护自身利益，不惜以民意挟持国家利益。

2016年，英国政府举行了脱离欧盟的全民公投，赞成脱欧者和反对脱欧者的比例其实相差不大，分别占52%和48%。而且很多人在投票时并不清楚"脱欧"的确切含义，只是听从了一方利益集团媒体的宣传而做出决定，在随后亲自查询了解"脱欧"的后果后却反悔了，这样的情况在选民中屡见不鲜。因而就有了不满公投结果，超过412.5万人发起的举行第二次"脱欧"公投的联署签名请愿。同一年，意大利也举行了关于宪法改革的全民公投，支持改革和反对改革的选民各占37%，各方互不妥协让步，引发了国际社会对意大利陷入新的政治和经济动荡的担忧。

与此同时，社交媒体和互联网舆论的兴起，也放大了资本主义政治制度的极化和非理性色彩。资本主义的"金钱"民主一向令人诟病，人们对竞选捐款、政治游说、政商"旋转门"等种种手段也熟知一二。而现在，竞选者除了靠金钱实力投放广告，扩大宣传外，还要加上会作秀的能力，才能拉拢到选票。尤其是在互联网大众传媒时代，话语代替了行动，政治就是表演。于是，靠奇招博出位，靠极端话语吸引眼球，靠表演功力蛊惑民心，成了竞选游戏的常规操作。

在金钱政治下，这样的选举无疑是被精心操控、暗箱操作的政治游戏。"一人一票"的票选民主已经难以表达真实的民意，也难以选出公认的优秀领导人。人们只能根据在大众传播媒介上反映出来的形象选"看上去"还不错的领导人。只是，竞选者竞选时高调承诺，好话说尽，当选上台后却往往承诺作废，几无兑现。民众对此却束手无策，最多在其寻求连任时再用"一票"表达意愿。而这不过是被动的、消极的表达，同样不能改变国家整体的政治生态。

正因为如此，在资本主义国家尤其是西方国家，民众普遍对政治冷漠，他们一般不信任占据主流舞台的政党和政治人物，对选举的兴趣持续下降，不投票的人群比例逐渐上升。尤其是21世纪以来，全球平均投票率明显下跌。

美国总统选举的投票率多年在登记选民人数的50%左右徘徊，2020年总统大选时出现了近几届的最高投票率，也才达到登记选民人数的61.4%，地方选举的投票率则大多数时候都达不到50%的标准线。法国作为西方投票率较高的国家，2007年总统大选时投票率为73.87%，2012年为70.59%，2017年下降到69.42%，2022年比2017年又下降了近5个百分点。其他西方国家的趋势概莫如此。而各国年轻人的投票率在各年龄群体中又都属低水平。瑞士有高达2/3的年轻人从来不投票。日本在新世纪第二个10年的历次大选中，20—29岁群体的投票率都只占该群体登记选民的1/3。

如此低的投票率，再加上近年来，西方国家中出现了少有的对选举舞弊的控诉，西方代议制民主哪怕在形式上也已经无法保证自身的合理性了。统治阶级的喉舌也认识到了这个问题。德国《明镜》周刊就载文惊呼："选举不再是抵达公平正义的正道坦途，各国政府的政治合法性也处于紧急状态。"[①]

选举的有效性被质疑，权威性下降，又造成人们越来越倾向于诉诸街头政治，从而使政府更加难以招架。这也是经济危机爆发以来，资本主义国家内部社会统治秩序不断失衡的一个非常重要的原因。

三、意识形态危机：当代资本主义的精神危机

这里所说的资本主义"精神危机"，并非指通常意义上的社会道德观念堕落或精神空虚，而是指资本主义制度原有的主流价值理念在人们心目中普遍被动摇，遭到严重削弱，甚至使资本主义的自我辩护都显得苍白无力，即意识形态上出现了危机。前者在现代社会里一直存在，是资本主义发展的一种正常产物。后者则是冷战结束之后的30年时间里，首次出现的较为明显的一种状况。因此，这种意识形态上的危机必定是构成资本主义社会危机和政治危机的一部分，是后两者的延伸。

让我们首先回到冷战。冷战结束之时是什么样的一种情形呢？由于东欧剧变，世界社会主义阵营一夜间瓦解，其中有很多国家倒向了资本主义，残存不多的社会主义国家则举步维艰，资本主义在

---

① 柴尚金：《当今西方代议制民主的困境》，《红旗文稿》2019年第4期。

全球范围内取得了压倒性的胜利。资本主义的信徒们到处欢呼雀跃，认为资本主义的道路被证明是正确的，从此可以安然一统天下。

1992年美国日裔政治学者弗朗西斯·福山写了一本书，叫《历史的终结及最后之人》，较有代表性地反映了当时资本主义世界洋洋自得的心态。他宣称，"共产主义"已死，从此，人类历史除了"自由"（包括"自由市场"）和"民主"外，不会再有新的更高的理念出现了，也不会再有新的更好的制度可行了。这就是名噪一时的"历史终结论"。福山所说的"自由"和"民主"制度实指资本主义制度，更确切地说是西方资本主义制度的代称。这种话术也是西方资产阶级一向的自我标榜和宣传策略。

的确，20世纪90年代以来的很长一段时间内，人们谈及"历史的终结"时是信心满满的，资本主义全球化同时也正以不可阻挡的势头证明新的时代的到来。因此，相信只有"自由民主制度"才能提供光明的未来，所有国家将不可避免走向"自由民主"——这种乐观的进步主义即自由主义，成为资本主义世界体系主导的意识形态。

然而，在2008年金融—经济危机之后，随着西方国家社会和政治危机愈演愈烈，民众对所谓的"民主（选举）制度"和"自由市场"都产生了广泛的质疑。对"民主（选举）制度"的抱怨乃至否定随处可闻，对选举的兴趣下降只是其中的一个方面。

另一方面，如我们所见，新自由主义放任的"自由市场"最终并没有带来普遍繁荣和社会进步，而是导致过大的贫富悬殊，危及社会平等和公正，相关的批评也甚嚣尘上。不仅传统的左翼反对者批评新自由主义，西方右翼政要如德国前总理默克尔和法国前总统萨科齐也批评"盎格鲁-撒克逊模式"（即英美资本主义模式）"过分强调自由市场经济"。就连新自由主义那些曾经最忠实的拥护者，如美联储前主席格林斯潘，也不得不承认"自由市场理论"存在缺陷。这一切让"历史终结论"看上去越来越具有一种讽刺的意味，迫使福山本人一次又一次出面对此观点进行自我辩解和修正，认为"历史的终结延迟了"。

最重要的是大众的社会心理发生了根本性变化。西方国家的人们不再对未来抱有冷战结束之时的积极乐观心态，而是在"民主梦""自由市场梦""美国梦"等各种美梦破灭后，普遍陷入迷茫、困顿、焦虑和不知所措。人们一方面对政府及现行制度的不信任感加剧，另一方面也产生了非常强烈的社会和政治变革的意愿，正所谓乱则生变。而动荡不安的时代，人们最渴望的不是"自由"，而是"安全"和"保护"。

2017年初，法国一项针对全球22个国家的民意调查显示，面对世界危机，在"保护主义"和"自由主义"两个选择中，绝大多数国家的民众选择了"保护主义"。人们普遍希望出现一个

"铁血"的领导人，以便能够改变现存的游戏规则和国家现状，维护国家秩序和保障国家利益。

既然主流的中间派政府，即典型的自由主义政府，显而易见对危机无能为力或视而不见，选民也厌倦了传统政府的空洞承诺和虚伪主张，以及主流媒体隔靴搔痒地操弄身份政治，那么政治光谱就朝更左或更右的方向发展。这也是世界各国政治普遍极化的重要动因。它反映在选举上就是，个性强烈鲜明、具有一定的反现存政治游戏规则（即"反建制"）色彩的竞选者近年来屡屡胜出。最典型的是美国2016年总统选举中，政治"素人"特朗普击败了政治经验丰富的希拉里·克林顿。巴西的博索纳罗、乌克兰的泽连斯基、韩国的尹锡悦当选总统都可归于此列。

尽管极左和极右的拥护者都在增加，但是，由于资本主义经年累月地反共宣传，在西方国家，社会主义观念和意识形态的传播之路依旧荆棘丛生。左翼共产主义的竞选者要想赢得选举是一件非常困难的事情，这就使右翼极端主义者更容易上位，挤上主流政治舞台。

极右翼政客不仅拼命塑造反对自由主义主流精英的"接地气"形象，以此博取选民好感，而且善于用极端的语言煽动民众的情绪，强调要保持秩序和稳定，强调维护民族特性和传统价值观，尤其重点强调本国国家利益和民族利益优先，从而迎合普通民众面对不确定未来，渴望强有力制度保护的心理。持有"政治正确"理念的自由主义媒体把这种看上去缺乏理性，具有明显排外倾向的主张轻蔑地称为"民粹主义"。然而，这并不是历史上那种无条件以"民众""大众"诉求为取向，走农民式社会主义道路的"民粹主义"，而是一种右翼保守主义。

在一定意义上，自由主义和保守主义犹如资本主义的两副面孔。自由主义总是高举"自由""民主""人权"的进步主义大旗，摆出一副占据道德制高点的姿态，反映了资本主义伪善的一面。保守主义并不真正主张什么或否定什么，而是根据实际需要，利用一切手段来维护统治秩序和既得利益，反映了资本主义现实的一面。

事实上，很多被看作反主流精英，从而获得民众高支持率的保守主义势力，如美国的特朗普、法国的让·玛丽·勒庞、英国的保守党脱欧派和独立党，既不"亲民"，也并不真正反建制。他们同样属于资本主义的精英集团，是既得利益者。保守主义的政府上台后，同样执行着新自由主义的政策，维护金融大资本的利益，压制劳工力量，降低社会福利。唯一的区别是，保守主义撕下自由主义"普世价值"的面具，更明目张胆地追求民族、国家的自我利益，决然抗拒那些必然发生的变化和趋势，以主张回归"光荣传统"来激发社会信心，凝聚民心。

保守主义之所以获得支持，很大程度上是利用了人们，尤其是社会中间阶层对新自由主义全球化带来的巨大不平等后果的不满。那些本地农民、小企业主、个体工商户和蓝领工人并未从全球化的凯歌高进中获得任何收益；相反，他们成了被面向全球化的自由主义精英所抛弃和遗忘的群体。保守主义相当于提供了另一种选择，让这些在市场竞争中原子般孤立无援的、脆弱的个体，从"虚幻的共同体"——国家或民族等看似有组织的力量那里寻求庇护。与此同时，大资产阶级也需要国家的强力帮助，去应对危机之后更为激烈的全球竞争中，来自新兴经济体资本集团的有力挑战，以维持自身的全球垄断地位。

在2016年的美国总统选举中，决定特朗普最终获胜的关键点是，一向作为民主党地盘的北部三个工业州的制造业工人转而支持了特朗普。一方面，这种转变是因为持有社会民主主义理念的竞选人伯尼·桑德斯在民主党初选中在该地区广受欢迎，却遭到希拉里等民主党主流势力的打压和排挤，致使工人们愤而倒戈。另一方面，则是因为特朗普承诺恢复那些受产业空心化冲击的工人失去的工作岗位，从而"让美国再度强大"。从这个意义上说，保守主义引领了当前发达国家的"逆全球化"运动，这恰恰是新自由主义种下的苦果。

面对资本主义危机，保守主义最鲜明的特点是制造外部敌人。它擅长于妖魔化"他者"，将其他国家、其他民族或外来者描述成是造成国内社会矛盾的罪魁祸首，比如将高失业率归咎于他国——

尤其是本国经济的最大竞争国——的劳动者窃取了大量"工作岗位",将民众社会福利的降低说成是合法或非法移民太多的后果。其实质无非是转移社会矛盾的真正焦点,向外转嫁社会矛盾和危机。在这里,保守主义实际上披上了"民粹"的外衣来行使威权,利用小资产阶级的诉求来掩饰对大资产阶级利益的维护。

我们可以说,资本主义遭遇大危机时,向外转嫁矛盾和危机是每一个资本主义利益集团或派别的本能反应。但是,保守主义的狂热表现得尤为突出。这正是保守主义的危险性,即它具有内在的寡头倾向和极端民族主义性质,使其再进一步发展就变成军国主义,推动向外扩张。从历史来看,在每一个资本主义世界体系处于大危机的关口,极右翼保守主义的崛起并不罕见。例如19世纪中后期,普鲁士容克地主与军事官僚政权结合形成的保守主义集团,成为德国发动对外战争,进而造成第一次世界大战的主导力量。20世纪20年代,英、法、美等帝国主义国家主导的凡尔赛体系对一战战败国国民经济的劫掠和压制,以及20世纪30年代的大萧条,在德国、意大利、日本、西班牙、匈牙利等不少国家催生了纳粹主义和法西斯军国主义势力。

2008年金融危机之后,极右翼保守主义势力在世界范围内复兴,影响力和实力都在不断壮大,甚至在一些主要国家取得执政地位。日本政坛自21世纪以来就一直被鹰派自民党人所把持,其政策理念被称为"新保守主义"。2014年印度右翼民族主义政党人民党以压倒性胜利赢得议会选举后，其领导人莫迪出任总理至今。尤其自特朗普当选为美国总统以后，保守主义愈演愈烈。欧洲主要国家（如英国、德国、法国、意大利和西班牙）的极右翼政党获得选民越来越多的支持，在议会和总统选举中均取得了不俗的成绩。在中东欧、拉丁美洲、澳大利亚和东亚，保守主义的力量同样非常活跃。

但是，又不能仅仅把保守主义看作由于某一保守派政党或领导人的上台而出现的暂时的变化。相反在大危机时代，不光保守派政党，其他资产阶级政党也都在或多或少地保守主义化，形成了一股全面的回潮和趋势。

保守主义正在取代自由主义，上升为资本主义主流的思潮和意识形态，从而导致保护主义、极端民族主义、反社会主义在世界各地尤其是西方国家蔓延。在国际关系方面，冷战结束之后力图构建包容、和平、发展的多边主义国际体系的倾向，迅速转向了赤裸裸的帝国主义强权政治和单极化霸权主义。

以美国为首的西方国家，面对全球化和新技术革命进程中以中国为代表的新兴经济体的崛起，不再只寄希望于软性的和平演变或颜色革命战略，从内部削弱这些所谓的"挑战者"。而是表现出更为敌对的态度，采取更加直接的打压和遏制手段，包括经济制裁、技术封锁、舆论抹黑、意识形态妖魔化，乃至非法侵占和掠夺海外资产、制造地缘政治冲突，无所不用其极地进行全方位绞杀，为此甚至不惜破坏和瓦解自己曾经建立的国际规则和国际秩序。

从国家外交战略上看，美国力图在欧亚大陆挑起主要国家之间的矛盾和对立，加剧地区紧张局势，进而制造军事冲突，这不仅有利于遏制以中国、俄罗斯为首的新兴多极秩序的核心力量，而且有利于对欧洲和亚洲分化治之，消灭西方阵营中潜在的抗衡力量，增强西方盟国对美的军事和政治依赖，从而进一步强化其单极霸权。

自2008年金融危机以来，美国保守主义的好战黩武性凸显，这既是美国向外转嫁国内危机，维系自身世界霸主地位的内在要求，也是本国垄断资本尤其是金融资本榨取世界超额利润，巩固垄断地位的重要手段。相比产业资本，金融资本更喜欢动荡不安的局面，因为经济大波动使资本价值变动更加剧烈，金融资本做多做空、低买高卖的渔利空间也变大。美国通过在世界各地制造战乱，使之变得比美国更不安全，那些国家和地区的巨额资本便为避险而流向美国，帮助美国降低"债务经济"的恶性膨胀，支撑高利率和股市繁荣，从而方便其金融资本收割全世界，还能吞并和控制资本流出国为解决资本短缺而出售的国民经济部门和产业。同时，军工复合体和能源巨头亦可以扩大武器和能源出口，借机大发战争横财。

以上正是霸权国家在中东、欧洲等地乃至今后有可能在东亚地区制造战争的背后深层的逻辑。美国利用北约东扩挑起的俄乌战争，则是二战结束之后欧洲最大的一场战争。这场战争如果进一步扩大范围，人类又将再次站在世界大战的十字路口。这表明，假若只是在自由主义和保守主义之间进行意识形态的钟摆运动，而没有推翻资本主义的制度统治，就不可能摆脱军国主义和帝国主义战争。让我们记住德国伟大的共产主义革命家罗莎·卢森堡的名言："要么社会主义，要么野蛮。"

自由主义之后，资本主义在意识形态上滑向了更野蛮的保守主义，同时也滑向了帝国主义和战争的野蛮状态，西方构建的"自由""民主"的资本主义全球秩序普惠幻梦就此破灭，这也将为21世纪社会主义意识形态的回归，以及革命力量的复兴创造重要的历史条件。

四、生态危机：当代资本主义的增长危机

1972年，一个非正式国际学术团体——罗马俱乐部发表了一篇轰动世界的研究报告，首次明确提出了"增长的极限"问题。该报告认为，有五大因素影响和决定了社会的经济增长，它们是人口增长、工业生产、自然资源、粮食供应和污染。如果这五个方面按现行的模式发展下去，得不到控制，那么将在100年

之内到达地球的增长极限，人口将大规模减少，工业生产不可避免地衰退，整个人类社会将崩溃。

"增长的极限"引起了热烈的反响。虽然长期以来人们围绕其具体观点争论不休，但经济增长与社会进步无法脱离自然资源的支持却是普遍的共识。而罗马俱乐部提出的决定经济增长的因素其实都与生态环境密切相关。

人类社会的生产活动不光是在人与人之间进行的，更是在人与自然之间进行的。人从根本上来说是自然之子。人类是自然界漫长演进的产物，人类最初和最基本的生存资料（如空气、水、动植物食物）来自自然界，进一步发展所需的生产和消费同样是与周围的自然环境进行物质交换的结果，例如对土壤、森林、草原、海洋等资源的开发和利用。生态环境就是指与人们的生产生活密切相关的各种自然环境（包括在人工干预下形成的"第二自然"）的总和。

良好的生态环境最讲究生态系统的平衡。因为，自然物种虽然种类繁多，但在一个生态圈中却相互联系、相互依存、相互制约，形成了一个完整的生态系统。其中某一物种或资源的数量和质量变化，都会对相关物种资源产生影响。例如，林木的乱砍滥伐会引起水土流失，动植物种锐减。平衡的生态系统意味着生物之间以及生物和环境之间高度相适应，物种结构和数量比例保持着相对长久的稳定，系统的能量与物质的输出和输入大体接近平衡。只有这样的一个生态环境，才能为人类的生产和生活提供可持续性的发展条件。

人类的活动对生态环境有两大影响。一是人类从自然界中索取物质和能量资源。自然资源包括两种形式：一种是可再生资源，例如动植物、微生物、水资源、气候资源、海洋资源等。它们通过天然作用再生更新，可被人类反复使用。另一种是不可再生资源，例如矿产资源，再生更新速度十分缓慢，相对于人类历史，几乎不可能再生，总量只会随着人类的利用不断减少。土壤资源属于半可再生资源，因为过度损耗肥力的土壤虽然可以借助人工措施修复和更新，但在短期内几乎难以达成。而可再生资源也只是一个相对动态的概念，它在特定的时间和空间条件下数量同样是有限的，并非绝对的取之不尽用之不竭。因此，无论是可再生资源还是不可再生资源，都有枯竭的可能。

二是人类使用各种物质和能量资源会带来一定的副产品。这些副产品就是人类的生产和消费活动不可避免产生的各种废气、废水和废物。向自然界排放这些副产品，会对生态环境造成污染。不过，大自然有自我调整和净化的功能。只要给予足够长的时间，这些污染物不超出一定的范围和数量，生态环境就可以通过一定的物质循环，逐步将其吸收、消化，并转换成对人类和其他生物都无害的物质成分。

　　但是，当人类对自然资源的索取和消耗超过了生态环境所能提供的限度，造成不可再生资源和可再生资源的枯竭，人类产生的污染物远远超过了生态环境本身自我调节的状态，造成严重的环境污染，生态系统的能量和物质输出与输入之间就会严重失调，生态秩序就会陷入紊乱，自然种群的生存维持系统就会瓦解，出现大量的物种灭绝或濒临灭绝现象，从而危害人类自身的健康和安全，乃至威胁到人类的生存、繁衍和发展。由此产生了我们所说的生态危机。

　　生态危机表明，人类的生产活动不能无节制扩张，经济的增长存在一个极限，那就是自然环境和资源的制约。罗马俱乐部所批评的经济增长模式，指的就是不顾人类生活的质量、纯粹是数量增加的增长，也是我们近年来常常批判的那种"GDP崇拜"。虽然报告没有指明，但我们都清楚，这种经济增长模式事实上根源于以谋取利润为目标的资本主义生产方式。

　　在自然经济时代，以农业为主的社会生产高度依赖自然环境和气候因素，即如老话所说"靠天吃饭"。由于科技发展程度有限，人们对大自然的规律所知不多。虽然有统治阶级为穷耳目之极欲大兴土木、开山毁林，农民刀耕火种、焚林而田等破坏生态环境之举，但在大自然的反复无常面前，人更多时候不得不顺从于"天"，对自然充满了敬畏。我国传统文化中的天人合一观念便强调了顺应"天命"，即顺应大自然自身的规律，来达到人与自然的有机共生与和谐统一。宋代大儒朱熹的"人为主导"思想认为，在与自然万物的相处中，人虽然可以处于主导地位，但人作为万物之灵长是不能任意掠夺自然、破坏自然、宰制万物的，人对自然万物负有责任，不能违背自然万物的规律。这些都反映了古代社会对大自然宿命式崇拜的朴素的生态自然观。

从纯粹的技术角度来看，科技的进步和技术革命的产生，大机器工业的建立，一方面拓展了人对自然界的作用范围，另一方面改进了人干预自然、改造自然和利用自然的手段，从而极大地提升了人类从自然界中获取资源的效率和总量，使人对自然的征服力呈几何级数增长。这种征服自然的客观能力的提升与资本主义内在的趋势相结合，彻底颠覆了人类对其与自然和谐关系的追求。

资本主义经济发展的首要目标是利润的增殖。资本家不是按照人们的真实需要来生产的，而是盲目追求扩大再生产和效益最大化，科技的进步当然也首先是用来满足这种积累欲望。马克思就说过，19世纪欧洲农业革命中，富有的土地所有者和农业资本家为了增加农业产出，拼命使用化肥，结果造成地力锐减和土地贫瘠。因而，"资本主义农业的任何进步……在一定时期内提高土地肥力的任何进步，同时也是破坏土地肥力持久源泉的进步"[1]。

---

[1] 《马克思恩格斯文集》第五卷，北京：人民出版社2009年版，第579—580页。

另一方面，资本家为了实现利润，则要千方百计刺激人们的消费欲望和物质享受能力，包括购买奢侈品之类的炫耀性消费和诸如重复性消费、猎奇性消费、破坏性消费等无意义的消费。与此同时，商家为了提高消费品价格又不断更新包装。这一切都带来资源的巨大浪费。

此外，许多自然资源是由天然的生态环境提供的，具有公共资源的属性。例如空气、水、原始森林、自然矿产，人人都能免费获得，自由享有，这些自然资源一旦被纳入人类的经济活动中，尤其是私人资本在追求利润的动机作用下，就会产生无偿攫取而过多占用、过度利用和无偿转嫁损害的严重问题。比如，大肆采矿、竭泽而渔，破坏了生态环境，挤占了其他人的矿石资源和渔业资源利益；再比如，由于没有强有力的监管，工厂拼命排放废气废水，造成河流和空气严重污染，影响城乡居民用水，危害人体健康。此类情况都是私人资本从生态环境中攫取了丰厚利益，其生态成本却由全社会和不相干的公众来承担。

换而言之，资本主义的内在矛盾决定了资本主义的经济活动必然要从自然界中无节制地榨取原材料，加剧消耗能源，并且向自然界倾倒越来越多的垃圾和污染物。资本主义私有制充分挖掘了人性中的贪婪、自私和丑恶，人在与自然的相处中，将自然万物纯粹当作满足自身欲望、积累自身财富的工具和对象，人对自然的掠夺、占有和压榨达到无所不用其极的地步。自然界自身的发展节奏跟不上资本扩张的速度，导致自然资源稀缺，又加剧了人与人之间利益的争夺，使自然界进一步沦为资本生产和利润竞争的牺牲品，人与自然的矛盾和冲突日益凸显。这就是为什么进入资本主义社会，生态环境问题才变得格外严峻和尖锐。

资本主义向全球扩张还带来一个更为严重的问题，那就是将生态环境破坏的后果在世界范围内扩散。其中，落后的发展中国家承受了由此带来的更大发展代价，主要原因有两点：

一是西方发达国家掠夺落后国家的自然资源。我们都知道，从产业资本主义起，落后国家的原材料、劳动力和市场对于发达国家的资本主义发展就具有至关重要的意义。其中，落后国家丰富的自然资源（包括原材料和能源）是大工业生产的物质基础，对它的掠夺往往成为帝国主义行径的强大动因。19世纪，为攫取作为土地肥料的鸟粪，欧美国家（如西班牙、英国、美国）强行占领非洲西海岸和太平洋沿岸的岛屿，使当地的社会和生态遭到沉重打击。20世纪，帝国主义对石油资源的控制和争夺，又将中东地区的国家与人民置于长久的战乱和贫困之中。发达国家通过帝国主义战争和不平等贸易的大肆劫掠，已经使落后国家在发展经济过程中面临着更为严重的资源枯竭问题。

　　二是发达国家向落后国家转移污染物。我们普通人常常有个印象，那就是发达国家的自然生态环境保护得非常好。不可否认，这与发达国家环保技术的发展有一定关系，但很大一部分原因却是，发达国家将高污染高耗能产业转移到了落后国家，并将工业垃圾向后者倾倒和廉价出售。

　　在全球化进程中，此类例子比比皆是。在20世纪90年代，美国和日本就已分别将39%和60%以上的高污染产业转移到了第三世界。发达国家产生的有害废弃物占全球产量的95%。美国作为世界第一有毒废料输出国，每年向境外输出200万吨毒废料。发达国家每年有300万吨塑料垃圾运往东南亚，占到其出口塑料垃圾总量的50%。来自澳大利亚的塑料垃圾在马来西亚的非法加工厂里被丢弃、掩埋和焚烧，马来西亚基本上变成了"澳大利亚的垃圾场"。

　　中国也一度是主要的"世界垃圾场"。从20世纪80年代开始，中国每年进口几千万吨的"洋垃圾"，包括塑料、纸张、废旧钢铁、电子废料、废旧衣物等，用于工业分解和再利用。美国有近2/3的废纸出口到中国，欧洲国家87%左右的废旧塑料被运到中国，中国还一度成为日本最大的"垃圾"出口国。原来美国清新干净的空气、日本一尘不染的街道，有中国的一份巨大贡献！而自2018年中国宣布开始实施"洋垃圾"禁令以来短短几年中，许多发达国家的城市已被垃圾包围，臭气熏天。

世界银行2019年4月发布的一份报告指出，富裕国家向落后国家出口的垃圾中，只有10%的垃圾真正被回收加工，90%的垃圾被烧毁或抛弃在非法垃圾掩埋场，甚至被丢入海洋，造成落后国家广泛的环境污染，也制造了传染病病源，引发动植物死亡，严重危害当地居民身体健康。但在部分发展中国家禁止进口垃圾后，发达国家不是去寻求有效的回收利用之道，而是试图将它们转运到其他垃圾消化国。在此意义上可以说，正是资本主义世界体系内在的不平等结构，资本主义发达国家向外转嫁自身的生态危机，使生态环境的恶化超越了国家的疆界，成为全人类不得不共同面对的巨大挑战。

如果说伦敦的大雾是19世纪产业革命的重要象征，那么如今，海平面上升、热带雨林消失、土地沙漠化、物种灭绝、石油资源枯竭等种种迹象，则处处昭示了当代资本主义可持续发展的危机。

抛开其他破坏性因素不谈，对于作为经济增长基础的能源来说，或许一场危机已迫在眉睫。目前包括煤炭、石油、天然气在内的化石燃料消费占到世界能源消费的80%以上，英国产业革命以来的世界经济增长也主要依赖的是化石燃料。但化石燃料属于不可再生资源，按照现有产量，世界已知的煤炭储量可用100年左右，用于生产核电的铀的已知储量同样可用100来年，已知的石油和天然气储量只够用60来年。[①]

化石燃料总有一天会被可再生资源全面替代，但能源的转换却非常缓慢。这在很大程度上是因为，垄断和控制着世界化石燃料生产和加工的国际资本巨头缺乏推动采用新能源的动力。如果新能源推广需要很长的时间，又是难以匹配资本主义生产加速扩张的需求的。

人类对化石燃料的过度使用还引起了二氧化碳排放量的增加，后者被看作全球变暖和气候变化的主要原因。如果二氧化碳排放得不到控制，长期的气候变化无疑会导致生态系统崩溃；同时，又会影响到风能、太阳能、地热能、水能等可再生能源的使用，以及其对不可再生能源的替代。2021年，联合国称全球气候还在以可怕的速度恶化，到2030年温室气体排放量仍会增加1/5。而国际社会的共同减排任务却由于发达国家屡屡爽约，没有按先前承诺的于2020年前筹集1000亿美元，用于弥补因推进环保给发展中国家带来的经济损失而受到阻滞。

近几年，极端天气频发，已经对新能源发电造成了巨大的影响，再加上局部战争和新冠病毒感染的双重因素，石油、天然气、煤炭、稀有金属等价格正在不断上涨。能源短缺和价格上涨还是粮

---

① 李民骐、张耀祖、许准等：《资本的终结——21世纪大众政治经济学》，北京：中国人民大学出版社2016年版，第213—215页。

食价格进一步上涨的重要因素。然而，出现近40年来前所未有的粮食恐慌和危机的主要原因却不是缺粮。相反，联合国粮农组织提供的数据表明，全球谷物产量10年来一直在增长，足够满足全球人口的需求。根源是在近年来西方政府疯狂印钞的刺激下，全球垄断粮商和金融资本在大宗商品期货市场上大肆炒作粮食价格，以从生物燃料和粮价的高企中赚得盆满钵满，致使越来越多的发展中国家无力进口粮食，陷入粮荒。而能源危机和粮食危机的到来，将冲击着本已脆弱不堪的全球经济，带来更严重的高通胀和低增长。

总而言之，生态危机虽然是人类共同的生存危机，但它会以资本主义经济危机的形式表现出来，从根本上反映了资本主义增长方式的不可持续性。

本章小结

资本主义在其发展的最高阶段即金融资本主义阶段，尤其是21世纪初以来，不仅存在周期性危机，还出现了系统性危机。系统性危机表明，经过40多年金融资本增强的非生产性积累后，当代资本主义社会的各个方面都产生了难以克服的制度性矛盾。

系统性危机又始于资本主义长期性的经济危机。由于金融资本通过债务和利息对产业利润进行侵占和压榨，对居民收入和国家收入贪婪掠夺，产业利润率出现长期下降趋势，生产相对停滞，投资和消费持续低迷，世界经济全面复苏迟迟未至，使2008年全球金融危机演变成了长期性的危机。这一过程中，资本主义各国内部种种矛盾趋于激化，社会冲突频繁。向外转嫁危机又急剧恶化了国际关系，世界格局出现了二战后前所未有的动荡和分化。再加上金融资本利用世界乱局推高能源、大宗商品和粮食价格，攫取投机利润和垄断利润，导致能源危机和粮食危机。资本主义的生态危机又使人类或面临关乎生死存亡的局面。总而言之，金融资本积累的两面性即它的内在矛盾日益加深，使它走向了反面，当代资本主义变得更加反动和腐朽。

然而，我们终究不能寄希望于系统性危机使资本主义在短期内突然崩溃。因为，社会形态的更替从来不是一种"自动终结"的宿命论。如果没有社会革命，系统性危机可能持续几十年，直到资本主义再通过一轮制度大调整，排除资本积累的各种障碍，使利润率重新得到恢复。因而，当代资本主义系统性危机的根本意义在于，它只是提供了21世纪革命形势产生的客观条件。只有当人民群众在主观上充分认识到不能再照此生活下去，并积极行动起来寻找出路，当代资本主义才有可能走向它的结局，即衰亡和向新社会过渡。

参考文献

[1]《马克思恩格斯文集》，北京：人民出版社2009年版。

[2]《马克思恩格斯选集》，北京：人民出版社2012年版。

[3]《列宁全集》，北京：人民出版社2017年第二版增订版。

[4][德]鲁道夫·希法亭：《金融资本》，福民、张雷声、杨尧军等译，北京：商务印书馆1997年版。

[5]樊亢主编：《资本主义兴衰史》，北京：经济管理出版社2007年版。

[6]萧国亮、隋福民：《世界经济史》，北京：北京大学出版社2007年版。

[7][法]费尔南·布罗代尔：《资本主义的动力》，杨起译，北京：生活·读书·新知三联书店1997年版。

[8][法]米歇尔·波德：《资本主义的历史：从1500年至2010年》，郑方磊、任轶译，上海：上海辞书出版社2011年版。

[9][美]查尔斯·P.金德尔伯格、罗伯特·Z.阿利伯、罗伯特·M.索洛：《疯狂、惊恐和崩溃——金融危机史》，朱隽、

叶翔、李伟杰译，北京：中国金融出版社2017年版。

[10]黄素庵、甄炳禧：《重评当代资本主义经济：科学技术进步与资本主义经济的变化》，北京：世界知识出版社1996年版。

[11][英]卡罗塔·佩蕾丝：《技术革命与金融资本：泡沫与黄金时代的动力学》，田方萌、胡叶青、刘然等译，北京：中国人民大学出版社2007年版。

[12][英]克里斯·弗里曼、弗朗西斯科·卢桑：《光阴似箭：从工业革命到信息革命》，沈宏亮主译，北京：中国人民大学出版社2007年版。

[13]崔林：《寡头的江湖：金融大鳄如何影响世界》，南京：凤凰出版社2011年版。

[14][英]尼尔·弗格森：《顶级金融家》，阮东译，北京：中信出版社2012年版。

[15]李琮：《当代国际垄断——巨型跨国公司综论》，北京：经济管理出版社2007年版。

[16]黄河：《跨国公司与当代国际关系》，上海：上海人民出版社2008年版。

[17][美]弗朗西斯科·洛佩斯·塞格雷拉主编：《全球化与世界体系——庆贺特奥托尼奥·多斯桑托斯60华诞论文集》（下），白凤森、徐文渊、苏振兴等译，北京：社会科学文

献出版社2003年版。

[18]［美］保罗·克鲁格曼：《萧条经济学的回归和2008年经济危机》，刘波译，北京：中信出版社2009年版。

[19]［美］迈克尔·帕伦蒂：《少数人的民主》，张萌译，北京：北京大学出版社2009年版。

[20]［美］丹·席勒：《数字化衰退：信息技术与经济危机》，吴畅畅译，北京：中国传媒大学出版社2017年版。

[21]［美］丹·席勒：《信息资本主义的兴起与扩张：网络与尼克松时代》，翟秀凤译，北京：北京大学出版社2018年版。

[22]［美］保罗·巴兰、保罗·斯威齐：《垄断资本》，南开大学政治经济学系译，北京：商务印书馆1977年版。

[23]联合国跨国公司项目：《1993年世界投资报告——跨国公司与一体化国际生产》，储祥银、孟继成、梁蓓等译，北京：对外贸易教育出版社1994年版。

[24]联合国贸易与发展会议：《2000年世界投资报告：跨国并购与发展》，冼国明译，北京：中国财政经济出版社2001年版。

[25]张幼文等：《金融危机后的世界经济：重大主题与发展趋势》，北京：人民出版社2011年版。

[26]［美］默瑞·N.罗斯巴德：《亚当·斯密以前的经济思想：

奥地利学派视角下的经济思想史》（第一卷），张凤林、王军、王兆刚等译，北京：商务印书馆2012年版。

［27］陈建安：《国际直接投资与跨国公司的全球经营》，上海：复旦大学出版社2016年版。

［28］李民骐、张耀祖、许准等：《资本的终结——21世纪大众政治经济学》，北京：中国人民大学出版社2016年版。

［29］［美］希瑟·布西、布拉德福德·德龙、马歇尔·斯坦鲍姆：《皮凯蒂之后：不平等研究的新议程》，余江、高德胜译，北京：中信出版社2022年版。

［30］王启云：《发达资本主义国家为何要削减社会福利》，《湘潭大学社会科学学报》1984年第1期。

［31］宋养琰：《剖析西方国家企业并购的五大浪潮（上）》，《中外企业家》2008年第1期。

［32］宋养琰：《剖析西方国家企业并购的五大浪潮（下）》，《中外企业家》2008年第2期。

［33］［美］埃尔多干·巴基尔、艾尔·坎贝尔：《新自由主义、利润率和积累率》，陈人江、许建康译，《国外理论动态》2011年第2期。

［34］柴尚金：《当今西方代议制民主的困境》，《红旗文稿》2019年第4期。

［35］Michael D. Yates: A Statistical Portrait of the U.S. Working Class, *Monthly Review*, 2005,56(11):12.

［36］Stephen Resnick and Richard Wolff: The Economic Crisis: A Marxian Interpretation, *Rethinking Marxism*, 2010,22(2): 170–186.

［37］Compston Hugh: The Network of Global Corporate Control: Implications for Public Policy, *Business and Politics*, 2013, 15(3):357–379.